心理解読大全

本を読むように人を読む

パトリック・キング・著
浦谷計子・訳

本を読むように人を読む

心理解読大全

心理解読大全

CONTENTS

第1章 動機から行動を予測する

第4章 嘘を見抜く 基本知識と注意事項

第5章 観察力を発揮する

はじめに

あなたは他人の「心をとらえる」天才に出会ったことがないだろうか？

そういう人は、他人がどう行動するか、なぜそう行動するかを本能的に理解できるらしく、相手の言いたいことや感情まで予測できてしまう。

どう話せば相手にきちんと伝わるかを心得ていたり、相手の嘘や心理操作をたちまち見破ってしまったり、ときには、相手の感情を感じとり、当の本人が気づいていない動機まで見抜くことさえある。

まるで超能力のようだ。どうしてそんなことが可能なのか。

だがじつを言うと、それは神秘的な力でも何でもない。他のスキルと同様に習得できる能力だ。人によっては、それを感情的知性《エモーショナル・インテリジェンス》とか、単なる社会意識《ソーシャルアウェアネス》と呼ぶかもしれない。

あるいは、臨床心理学者や精神科医が新規患者の初回面接で使うスキルを思い浮かべる人も、ベテランのＦＢＩ捜査官、私立探偵、警官が見せる熟練の技を連想する人もいるだろう。

けれども、そうしたスキルは自分で育てられる。心理学の学位もＣＩＡの尋問官になる訓練も要らない。本書ではその具体的な方法を見ていこう。

他人の心を読みとり、分析するのは間違いなく重要なスキルだ。わたしたちはつねに誰かと出会い、かかわり合っている。幸せで平和な生活を送りたければ、他者と協力する必要がある。

だから、相手の性格や振る舞い、隠された意図を素早く正確に分析できれば、より効果的なコミュニケーションが可能になり、率直に言って、こちらの望むものが手に入りやすくなるのだ。

コミュニケーションのとり方を修正すれば、自分の思いを聞き手にしっかり届けられるようになる。相手に騙《だま》されたり、振り回されたりしているときに気づけるようにもなる。それに、自分とはまったく異なるタイプの人たちや、まったく異なる価値観で動く人たちをもっと理解できるようにもなるはずだ。

たとえば、知り合ったばかりの人のSNSをのぞいて人物像を探りたいとき、あるいは、新規採用者の面接に臨むとき、マイカーの点検を依頼した自動車整備士がほんとうのことを言っているか見きわめたいとき、相手の心を読みとるスキルは絶大な効果を発揮するだろう。

考えてみればおかしな話だ。どんな人間も自分にとっては本質的に謎ではないのか。他人の心の中身なんて、ほんとうに分かるものだろうか。相手が何を考え、何を感じ、何を計画しているか、その人の行動が何を意味し、どんな動機があるかなんて、どうして分かるだろう。いや、そもそも、相手がこちらをどう思い、どう理解しているかさえ、分かりっこないのでは？

たしかに、他人の心の中身は、こちらにとって所詮はブラックボックスのようなものだ。わたしたちは、そのブラックボックスの「外側」に出てくる何かで対処するしかない。

そしてその何かとは、相手の言葉、顔の表情、ボディランゲージ、行動であったり、こちらとのかかわり方であったり、その人の外見であったり、声の調子や質であったりする。

話を進める前に、ここで動かしがたい事実をひとつ確認しておこう。

つまり、人間は複雑で、たえず変化する生き物であり、その内面で起きていることは本質的に閉ざされているということだ。反論する人もいるかもしれないが、誰にも他人のことを100パーセント分かったなどとは断言できないのだ。

とはいえ、外側に表れるサイン（兆候）を読みとる能力を改善できないわけではない。「心の理論」といって、わたしたちには、他人の認知的、感情的な現実（心の動き）について考える能力が備わっている。相手の思考、感情、行動を理解しようとして、何らかのモデルを構築しようとするのは、（まったくもって人間らしい）欲求なのだ。ただし、モデルとは本質的に単純化しようとするものだから、目の前にいる生身の人間の内面の奥深さや複雑さを理解することに関しては、おのずと限界がある。そのモデルが必ずしも完璧に現実を説明しているとは限らないからだ。

そこで、他人の心を分析する能力に微調整を加え、できる限り現実に近い予測を立てられるようにしよう、というのが本書のねらいだ。

他人に関して質の高いデータを集められるだけ集めて、賢く分析できるようになろう。さまざまな情報の断片をインプットし、相手の本質に迫るような堅固で正確なモデル（ひとつとは限らない）をつくり上げれば、その人に対する、より深い理解というアウトプットが得られる。

複雑な機械を見ただけで操作方法や機能を推測してしまうエンジニアのように、わたしたちも、目の前の人間を観察・分析し、相手の思考や感情、その理由や行動をよりよく理解できるようになろう。

この後の各章でとり上げるさまざまなモデルは、互いに競合する理論ではなく、人間を異なる視点からとらえたものだ。それらを総合したとき、わたしたちは身近な人間に関する理解を新たにすることができる。

その理解をどう生かすかは自分次第だ。大切な人たちに対して、より豊かで思いやりのある態度で接することもできるし、職場のようにさまざまな人との協力・協同が求められる場で応用してもいい。

よりよい親になることも、よりよい恋愛パートナーになることもできる。おしゃべりが上手になる、嘘つきや下心のある人を見抜く、対立する相手と和解するといったことも可能だ。

初対面の人と出会う瞬間は知覚力と分析力が最も必要とされる瞬間だ。どんなに感情的知性や社会意識の乏しい人であっても、相手と長時間かかわっていれば、その人のことを何かしら理解できるようになる。だが、この本の焦点はそういうたぐいの能力ではない。ここでとり上げるのは、ほぼ初対面に近い人間と少し言葉を交わすだけで、真に有益な情報を得るためのスキルなのだ。

たとえば、正確な即断即決の技とか、他人の言葉、行動、所有物から人となりや価値観を見抜く方法、ボディランゲージの読みとり方や、嘘の見破り方などを掘り下げていこう。

その前に、もうひとつ確認しておきたい。他人の心を分析し読みとるのは、勘とか、とっさの感情的反応という単純な話ではないということだ。

本能や勘が役立つ場合もあるだろう。でも、ここで重点的にとり上げるのは、理論の裏打ちがあり、単純な偏見や先入観を超える方法とモデルだ。わたしたちを助けるための分析であるなら、それは「正確な」ものであってほしい！

人の心を分析する際には、理路整然とした論理的なアプローチをとりたい。

今、自分の目の前で起きていることの起源や原因、つまり、歴史的な要素は何か？

自分が目の当たりにしている誰かの行動の裏には、どんな心理的、社会的、生理的な仕組みがあるのか？

今起きている現象がもたらす結果や影響とは何か？　環境全体に及ぼすものとは？

その人の行動は、特定の出来事や他者の行動によって引き起こされたり、こちらに対する反応として引き起こされたりしたものか？

日々、出くわす複雑な人びとや魅力的な人びとに関して、データにもとづく合理的な分析ができるようになろう。そのための賢い方法を各章でとり上げていくが、あなたは、こうした分析能力が他のさまざまな能力の根底にあることに気づくだろう。

他者の心を読みとれるようになると、たとえば、人を思いやる能力が向上し、コミュニケーションスキルが強化され、交渉能力が培われ、適切な境界線が引けるようになる。さらには、自分自身への理解が深まるという、思いがけないおまけまでついてくるのだ。

なぜ判断を誤るのか

多くの人が自分は「人付き合い」がうまいと信じている。

その信念が正しいかどうか確かめもしないで、自分は他人の動機を正確に理解していると大胆にも思い込んでいる。だが、残念ながら、それは確証バイアスに近い。確証バイアスとは、自分が正しい判断を下したときのことだけ覚えていて、明白な勘違いは無視したり軽視したりする傾向をいう。そもそも、最初に自分が正しいかどうか問うことすらしないのだ。「○○さんは△△な人だと思っていたのに、いざ付き合ってみたら、まったく違っていた」などという台詞《せりふ》をよく耳にするだろう。

じつのところ、人は自分が思っているよりはるかに他者の性格判断を誤っている。

あなたがこうしてこの本を読んでいるのは、おそらく、もう少し学んだほうがよさそうだと思うからだろう。

ならば、まっさらな気持ちで学び始めるのに越したことはない。結局のところ、真に効果的なテクニックを学ぶことの妨げになるのは、自分はすでに何でも知っていて、これ以上学ぶ必要などないという思い込みなのだ！

では、人の心を読みとる能力を磨くうえで、妨げになるものとは何だろう？

まず、覚えておくべき最大のポイントは「文脈《コンテクスト》の影響」だ。ネットで「人が嘘をついているときに見せる5つのサイン」などという記事をよく見かけるが、たぶんあなたも実際に試したことがあるだろう。でもそこには明らかに問題がある。会話の相手が急に顔を上げ、視線を右に向けたのは、嘘をついているから？　それとも、屋根の上の何かが気になっただけ？

会話の途中で、相手が何か興味深いことを「口走った」としよう。その失言は本人にまつわるきわどい秘密を物語っているかもしれないし、単に寝不足で、言い間違えただけという可能性もある。要するに文脈次第なのだ。

同じように、「たったひとつ」の発言、表情、振る舞い、瞬間をもとに、相手の全人格について何かを断言することはできない。

今日あなたが何かをやらかしたとして、そこだけを切り取って、あなたの性格を分析しても、まったく無意味な結論に至るのではないか？ 分析はデータという複数の情報があってこそ成り立つものだ。そして、より広い視野で傾向をとらえたときにだけ可能になる。

また、そうした広範な傾向は、分析の対象者が属している文化的な文脈でとらえる必要がある。どの文化にも共通する普遍的なサインもあれば、そうでないサインもあるからだ。

たとえば、両手をポケットに突っ込んだまま話をするのは、たいていの文化圏で軽蔑される。一方、アイコンタクトとなるとややこしい。相手の目を見て話すことは、アメリカでは正直さと知性の表れと見なされ、一般的に推奨されるのに対して、日本のような文化圏では失礼な態度に当たる。

このように特定のしぐさのもつ意味が文化によってまったく異なる場合があるのだ。最初のうちは、それらの異なる解釈モデルを覚えるのは少し難しいかもしれない。だが、練習を重ねるうちに、自然に身についていく。

たった一度の短い会話の中で、同じ奇妙なサインに5回も出くわしたら、それは注意を払うべきポイントと言える。単に相手が「あの女性を知っているよ。内向的な人物だね。本を読んでいるところを一度見かけたことがある」と言ったくらいでは、「おお、この人は人間精神の謎を解く天才だ！」なんて思わなくていい。というわけで、ここでもうひとつ重要な原則をお伝えしよう。「パターンを探せ」だ。

賢い人たちが他者に関してあまり賢くない結論を導き出してしまうもうひとつの原因は、「ベースライン（基準）の設定を誤る」ことにある。

仮に、今、1人の男性がしきりにあなたとアイコンタクトをとってきて、にこにこしながら、褒め言葉を口にし、うなずいたり、ときおりあなたの腕に触れたりするとしよう。

じつは誰に対しても同じように接する人なのだが、あなたはそうとも気づかず、「この人はわたしを好きに違いない」と思ってしまう。その男性は通常のベースライン以上の関心をあなたに示していないにもかかわらず、それを見誤ったあなたは、あさっての方向へ結論を導いてしまうのだ。

最後に、他者を分析する際に考えるべきポイントがもうひとつ。それは往々にして盲点にもなる「自分自身」だ。

たとえば、ある人は誰かが自分を騙そうとしていると確信しているが、それでいて、自分自身の疑り深さや神経質さにはまったく気づかず、さらには、嘘をつかれたばかりでまだ立ち直っていないといった事実を無視している場合があるのだ。

この最後のポイントが、皮肉にも、他者という謎を解くための重要な鍵になるかもしれない。

つまり、誰かを分析しようとする前に、まず最低限の自己理解が必要になるということだ。他者に投影しがちな自分自身の欲求や恐れや憶測に気づいていない限り、その人に対して下す評価や結論はたいして役に立たない。それどころか、遠回りした挙げ句に、ようやく自分自身を知り、過去から引きずっている認知的・感情的な「お荷物（思い込み）」に気づくことになる。

ここまでに述べた原則が具体的にどう働くかを考えてみよう。

たとえば、あなたが会社の採用候補者を面接するとしよう。その女性が組織にフィットするかどうか、あなたは短時間で見きわめなければならない。いざ会ってみると、女性はとても早口のうえ、ときおり言葉に詰まったりする。文字どおり座席の端に腰かけ、両手をぎゅっと握り合わせたままだ。

ひどく神経質で精神的に不安定な人なのだろうか？　けれども、面接では誰もが緊張するものだ。そう思ってあなたは判断を保留する（つまり、文脈を尊重する）。

面接中、女性が一度ならず言及したことがある。自分は自主的に時間をやりくりしながら仕事をしたいのに、前の会社は時間管理にひどくうるさかったという。はたして彼女は上司の指示に従うのが苦手なタイプなのか、それとも、自立心が旺盛で積極的なタイプなのか？

判断のベースラインをもたないあなたは、彼女に大学時代の経験や専攻について尋ねてみる。すると、研究プロジェクトを自発的に進めていたことや、年配の指導教官と密接に連携していたことを話してくれた。どうやら彼女は、自分にとって意味のあるプロジェクトのためであれば、誰かの指揮下で働ける人のようだ。

あなたが女性の緊張した様子にしか目を向けていなかったら、正確な見きわめは難しかっただろう。多くの採用担当者は、前の会社の悪口を明らかな危険信号と見なすが、あなたは単独の事象ではなく「パターン」に注目した。しかも、相手が緊張しているのは、自分のせいかもしれないとさえ考えた。長身で大柄、声が低くて真剣な顔つきの自分が今、目にしているのは、普段どおりの女性の姿ではなく、あくまでも、**採用面接という場面での**女性の姿なのではないか。

いくつかのシンプルな原則を覚えておけば、文脈に合った、慎重で三次元的な分析が可能になる。それは、型どおりの振る舞いをいくつか見つけて安直な結論を出すのではなく、目の前の情報を実効性のある首尾一貫した理論へと統合することにほかならない。

客観性の問題

「きみのいとこ、昨日の夜、むっとしていたよね。きみが政治について冗談を飛ばしたときにさ」

「むっとしていた？　いや、おもしろがっていたよ。間違いない！」

「まさか！　顔をしかめていたんだぜ。きみにキレてると思ったけど……」


あなたもグループ内で同じ出来事を話題にしているうちに、人によってとらえ方がまったく違うことに気づいた経験があるだろう。

ときには、意見が真っ向から対立することもある。「あいつはもてあそんでいただけだ」「いや、あれは本気だった」とか、「あの人は気まずかっただけだ」「いや、完全に気分を害していた」とか、「あの人は調子が悪かっただけだ」「いや、無礼きわまりなかった」とか。まるで2つの異なる世界が存在するかのようだ。

ある研究によれば、わたしたちのコミュニケーションのうち、口頭によるものは約7パーセントにすぎない。なんと55パーセントはボディランゲージによるものだという。つまり、人が発する言葉は、その人が何を伝えたいかを知るうえで最悪の指標という場合が多いのだ。

声の調子でさえ、真実の38パーセントを伝えているにすぎない。だから、同じグループ内のやりとりでも、人によってまったく異なる印象をもつのも無理はない。間違ったファクターをもとに評価しているからだ。対話の真意を把握するためには、言語的な合図と非言語的な合図の両方を検討する必要がある。

すでに述べたとおり、「付き合い上手」を自称するだけでは、人の心を読むのがうまいという証明にはならない。でも、そうした性質を科学的に測定する方法があることが分かってきた。サイモン・バロン・コーエン（そう、コメディアンのサシャ・バロン・コーエンのいとこだ）が考案した社会的知性検査では、36点満点中、平均約26点、自閉症の人は22点以下という結果が出ている。

この検査は、「他人の目を見て」感情を推測してもらうというもので、被験者の共感能力を測ることがねらいだ。たとえば、微笑んでいるように見える人がほんとうは不快に感じているとしたらどうだろう？

他者の感情を読みとる能力は、全体的な社会的知性の高さにつながるとされ、ひいては、協調性、共感的理解、人の心を読みとるスキルへとつながるのだ。興味のある人は、パソコンで以下のウェブサイトへ行き、検査を受けてみよう（https://socialintelligence.labinthewild.org/)。人物の目だけの写真から、その人の感情を推測し、４つの選択肢から選ぶというテストだ。きっと驚くような結果が出るだろう。友だちや家族とやってみるのもいい。

もちろん、この種の検査のご多分に漏れず、そこには欠点や限界がある。たとえ社交の天才であっても、そもそもボキャブラリーが乏しい人、あるいは、西欧文化になじみがない人、英語話者でない人の場合、結果の解釈には注意が必要になる。あくまでもこの検査が示しているのは、ごくわずかな情報――たった1枚の目の写真――から、どれだけ上手に相手の感情を読みとれるかという可能性だ。

とはいえ、それもパズルの1ピースにすぎない。この検査からは、わたしたちのソーシャルスキルが一様ではなく、おそらく自分で思っているほど、すぐれているわけでもないことが分かるだろう。そして、勘や直観だけでは足りないことも――わたしたちがいかに人を見誤りやすいかも。

他人の心の奥底の暗部をのぞくには、できる限り客観的であり続ける必要がある。わたしたちの最初の衝動はつねに頼りになるとは限らない。たとえば、あなたが前述の検査で36点中26点しかとれなかったとすれば、出会う人の表情を間違って解釈する可能性が36回中10回はあると思っていい。

では、あなたが見落としているものとは何だろう？

相手の視線はかかわり合いの中で得られる情報のごく一部にすぎない。判断材料は他にもさまざまなものがあるのだ。その人がどんな姿勢でどんなボディランゲージを発するか、何を話すか（あるいは話さないか）、声の調子、態度、会話の文脈はどうか、などなど。

たとえ検査結果が芳しくなくても、自閉症であるとか、社会意識が乏しいという意味ではない。現実の世界であなたは、たった1枚の目の写真などよりもずっと大量の情報に一瞬のうちに出会っているし、それらの情報のかけらを自分で思っているより上手につなぎ合わせているかもしれないのだ。

とはいえ、本書の方法を1～2カ月実践して人の心を読みとるスキルを磨いたら、改めて同じ検査を受けてみるのもいいだろう。うれしいことに、共感能力やソーシャルスキルは固定的なものではなく、育てられるものだと気づくはずだ。人の心を読むスキルの基礎固めができたら、次は理論とモデルへ進む段階だ。いずれはシャーロック・ホームズにも引けをとらないレベルまで洗練させていこう。

重要ポイント

- 人のコミュニケーションの大半は非言語的な性質のものだ。口から出た言葉は、その人の本心を知る指標としては当てにならないことが多い。だからこそ、心を読みとれるようになれば、それは無限の利益をもたらす貴重なライフスキルになる。人の適性はまちまちだが、自分の現在地を率直に認められるなら、努力次第でこのスキルは伸ばしていける。
- どの理論やモデルをもとに観察内容を分析・解釈するにしても、文脈を織り込まなければならない。ひとつのサインだけで正確な判断を下すことは難しい。複数のサインを総合する必要がある。また、相手の属する文化も、文脈に即した分析結果を得るための重要なファクターになる。

●判断基準がなければ、行動の真の意味は分からない。ベースラインを把握してこそ、目の当たりにしているものを解釈することができる。つまり、普段の相手を知らないと、その人が喜んでいるとき、興奮しているとき、怒っているとき、どれほど基準から逸脱している状態かを正確に判断できないのだ。

●自分自身を理解したとき、わたしたちは真に人の心を読みとる達人になる。自分の中にある偏見、期待、価値観、無意識の欲求を知ってこそ、ものごとをニュートラルかつ客観的に見ることができる。悲観主義は見る目を曇らせるから注意しよう。ポジティブな結論を導き出せるときに、ネガティブな結論に傾きやすくなる。

●本書を読み進めながら、そのつど自分の進捗状況を正確に把握するためには、現時点でどれくらいの分析力があるかを知っておく必要がある。サイモン・バロン・コーエンの検査は、人の感情を読みとる能力の現状を知る手がかりになる。また、自分を買いかぶりすぎていたことに気づくきっかけにも。

第1章

動機から行動を予測する

なぜわたしたちはわざわざ他人を理解しようとするのだろう。
他人がどんな理由でどう行動するかを、どうして知ろうとするのか。
あなたにも誰かの心を必死で読みとろうとした経験があるはずだ。そのときあなたは、相手が次にどう行動「するか」を知りたくて、あるいは、相手がなぜそう行動「したか」を理解したくて躍起になっていたのではないだろうか。

他人の振る舞いを理解するには、原因と原動力、つまり動機を知らなければならない。どんな人（あなたも含めて）の行動にも何らかの理由がある。たとえ、その理由が見えなくても、理解できなくても、必ず理由は存在する。まったく何の理由もなく人を行動に駆り立てるのは狂気だけだ！　したがって、その人の行動パターンを把握し、理解し、予測し、さらにはそのパターンを変えるには、「行動を焚《た》きつけているもの」、つまり、動機を理解する必要がある。

なぜあなたはこの本を手にとったのか？　なぜ今朝、ベッドを出たのか？　今日すでにとった無数の行動のどれひとつとっても、理由があったのではないか？

あなたが意識していたかどうかは別として、そこには自分なりの理由があったはずだ。そして、その行動の動機は、あなたという人間を明確に物語っている。

この章では、人間を行動に向かわせるさまざまな要素を見ていくことにしよう。たとえば、欲望、憎悪、好き嫌い、快楽と苦痛、恐怖、義務感、習慣、影響力だ。動機が分かれば、行動は本人のパーソナリティの自然で合理的な延長線上にあることが分かる。行動から動機を逆算しながら、最終的にその人自身にたどりつき、どういう人間かが見えてくるのだ。

人は、心理的、社会的、経済的、さらには生物学的、進化的な要因で動く。それらの要因は興味深いかたちで相互に影響し合っていても不思議ではない。

ある人にとって大切なものとは何だろう？　興味の対象、価値観、目標、不安を尋ねるのは、動機を尋ねるのに近い。相手の出発点が分かれば、その人がどんな人間で、どんな「世界観」の持ち主かが分かってくるはずだ。

この章では、人間の行動の裏側にあるさまざまな動機を探ることにしよう。ここに述べることは、あなたが実際に他人の行動を観察し、その結果を深いレベルで理解する際の説明モデル（解釈の枠組み）として役立ててほしい。それではまず、一番深いレベル、つまり「無意識」から始めることにしよう。

シャドウの表れとしての動機

禿頭で太った中年男性が、高価な赤いスポーツカーで爆音を響かせながら街を疾走すると、それを見ていた通行人が言う。「あの男、よっぽど取り戻したいものがあるようだな」。ありふれた冗談話に聞こえるだろうが、このエピソードには、ある種の共通理解が含まれている。つまり、人はときとして自分には見えていない無意識の内的な力に突き動かされるということだ。

スイスの心理学者カール・ユングが提唱したシャドウ（影）という概念をご存じだろうか。**簡単に言えば、シャドウとは、自分の一部でありながら、否定したり、無視**

したり、顔をそむけたりしている性質を指す。わたしたちは、その自分の一部を他人にも、自分自身にさえも隠している。たとえば、けちくささであったり、恐れであったり、怒りであったり、見栄であったり。

だが、シャドウを統合していけば、より深い一体感が得られ、真に自分らしく生きることができる。そう、ユングが注目したのは現代的な意味での「ポジティブさ」や自己啓発ではない。心理的な健康と幸せは、自分をありのままに認めること——好ましくない部分をどんどん遠ざけるのではなくて、自分のすべてを受け入れることで得られる、そうユングは考えた。

この「シャドウワーク」によって今まで遠ざけていた自分の一部を意識的に取り戻すと、とてつもない幸福感がもたらされる。では、自分の周囲にいる他人にも、この概念を当てはめれば、その人のことをよりよく理解できるのではないか？　相手も内面にシャドウを抱えているはずだからだ。

シャドウが問題なのは、意識の外側に追いやられていても、たしかに存在しているということだ。それどころか、シャドウは微妙なかたちで存在をアピールしてくる。たとえば、行動、思考、感情の中に現れたり、夢の中やふとした瞬間に現れたりする。だから、わたしたちが他人の言動に立ち現れるシャドウを観察し、理解できれば、その人の性格を深く知ることができる。

わたしたちは二元性の世界に生きている。光があるから闇が存在する。下があるから上が分かる。高いエネルギーはやがて減速し止まる。そして、この原理を応用すれば、他人を理解することも可能だ。互いに補い合い、つながり合い、依存し合うエネルギーの複合体、それがわたしたち人間なのだ。陰と陽のように、それぞれのエネルギーが生まれては、他のエネルギーとバランスをとり合っている。

しつけの厳しい家庭に生まれ、学校でよい成績を収めるように強いられた人がいるとしよう。夜更かしは禁止、飲酒などもってのほか、友だちを家に呼ぶこともダメ。来る日も来る日もひたすら勉強ばかり。そうやって育った人を見ていると、いかにアンバランスで偏っているかに気づくだろう。意識が一方にしか向いていないのだ。

でも、ほんとうは自由になりたい、反抗したい、羽目を外したいとしたら、その衝動はどこへ向かうのだろうか？

おそらく、あなたの知り合いにも、そんな子ども時代を送った人が1人や2人はいるだろう。その後の展開もおなじみのパターンだ。成人する頃には、長らく抑え込んで隠してきた自由や自己表現や反抗への欲求、「無茶をしたい」という衝動に屈して、勉学などそっちのけで遊びほうけるようになる。まるで失われた時間を取り戻そうとするかのように。

こうした現象もシャドウ理論で考えれば、合点がいく。**あなたの目の前にいるのが行儀のよい自制的な学生であっても、その内面にはシャドウが潜んでいて、本人にも他人にも周囲にも受け入れがたい衝動が詰まっている。**ビーチボールを水中に押しとどめておくには力が要るように、シャドウを抑えつけるにはエネルギーが必要だ。それでも、いつかビーチボールはポンと水面に浮かび上がる。

自分のシャドウに気づかずに生きていると、心理的な違和感が生じやすい。頭と身体と精神はひとつであろうとするものだが、その一体感は、抑圧されてきた性質が意識の表面に噴出することによってのみ達成されるのであれば、なるべくしてそうなる。こうしたユングのシャドウ理論を応用すれば、他人を理解するうえで、次のような重要な洞察が得られるだろう。

まず、なぜその人はそういう人なのかという理解が深まり、それがやがて思いやりの気持ちを高めてくれる。学校にいるいじめっ子が、じつは幼い頃から自分の劣等感や弱さや恐れを抑圧していたとしよう。それを知ったあなたは、その子の行動を理解し始める。表面的ではなく、もっと深いレベルで相手とかかわるようになる。**つまり、その子が苦心しながら演じている表向きの姿ではなく、人格のすべてと向き合うようになるのだ。**

次に、シャドウ理論を使えば、他者の心に触れ、コミュニケーションをとりやすくなる。わたしたちはそれぞれ別個の存在でありながら、誰もが一体感や本来感（訳注：これがほんとうの自分だという感覚）への衝動を有している。あなたが相手の精神の隠された部分に直接語りかければ、より深いコミュニケーションが可能になるのだ。

たとえば、傲慢《ごうまん》で自己陶酔的な人間にも、自己嫌悪感だらけのシャドウが隠れているかもしれない。シャドウは本人にとって認めがたい性質の塊だから、自分の一部だなどとはとうてい受け入れられないだろう。**わたしたちはそんな自己陶酔的な人に出会うと、とかくけなしたり、笑いものにしたり、尊大な態度を批判したくなるが、その種の反応は、そもそも断絶の原因になっている恥の感情をさらに強めるだけだ。**だが、相手の尊大な態度を自己防衛の一種と見なせば、コミュニケーションのとり方を調整できる。

もちろん、あなたがそうすべきだと思ったところで、本人にシャドウを認めさせられるわけではない。ただし、シャドウ理論をもうひとつの方法で応用すれば、その人とどう接すればいいかは見えてくる。その方法とは、シャドウが外側の世界にどう投影されるかを観察することだ。

シャドウは苦痛と不快感の塊だから、人は無視したり否定したりすることで、その感覚を和らげようとする。では、いっそのこと、その性質を自分ではない他の誰かのものと見なせば楽になるのではないか？　シャドウの投影は、自分のシャドウを無意識のうちに他者の性質のように見なすことで生じる。たとえば、知的劣等感をもつ人は、何を見ても誰と接しても「馬鹿じゃないのか」と言い、他人の努力を横柄に批判することがある。

表向きはインテリを気取っていても、その人の内面では別のことが起きているわけだ。**賢そうな仮面は劣等感を隠すためのもの――そう見抜いたあなたは、たとえ相手に馬鹿呼ばわりされても、どうってことはないはずだ。あなたのことではなくて、発言した本人のことなのだから。**

こうした理解は説得や操作にも応用できる。たとえば、くだんの人物を喜ばせたければ、頭のよさを褒めるとか。

また、あなたは相手に深い共感的理解を示すこともできる。たとえば、「馬鹿」は恥ずかしいことでも何でもないと伝え、知的だろうとそうでなかろうと、ありのままのその人を受け入れ、愛している、と知らせてはどうか。そうした共感はシャドウの統合の後押しになる。抑圧されていた性質が恥ずかしいものでも不快なものでもなくなれば、遠ざける必要もなくなるのだ。水中に沈められていたビーチボールも、解き放たれれば、水面をゆっくり漂い始める。

もちろん、新しい人に出会うたびに、心理セラピストモード全開で接してみようと言うつもりはない。シャドウの統合は時間のかかる困難なプロセスであり、本人以外に実現できるものではないからだ。**わたしたちにできるのは、懸命に自分自身のシャドウと向き合い、その経験を生かして、他者のシャドウの働きを認め、理解することだけだ。**

また、この理論を応用すれば、自分の属する文化に対するとらえ方が変わり、集団には集団のシャドウがあることに気づくかもしれない。あなたの家族、コミュニティ、あるいは国家には、みずから認めようとしない集団的な性質はないだろうか？それが何かを理解したとき、集団としての行動を今より少しだけ理解できるようになるのでは？

ユング的精神でシャドウと向き合うとき、わたしたちがとるべき最も有益で癒やし効果の高い姿勢とは、愛と受容の姿勢にほかならない。好奇心と同時に優しさをもつべきだ。**誰かのシャドウ（らしきもの）を見きわめる目的は、シャドウを追い詰めることでも、シャドウの優位に立つことでも、弱点として利用するためでもないことを覚えておこう。**

重要なのは、引き裂かれ、壊れて、バラバラになり、無意識の領域にあるものを「全体の一部として見る」ことだ。そして、他人のシャドウを見てとったら、今度は自分の内面にも誠実な視線を向けよう。

他人の中にある恥、恐れ、疑念、怒りに受容と理解を示せるなら、自分に対しても同じことができる。他者の人間性をより鋭く見抜くだけでなく、より繊細でより豊かな感情的知性を備えた友人、パートナー、親になれる。

じつのところ、わたしたちがシャドウに押しやったまま認めたくない性質は、どれもたいして違わない。「誰もが」ときには、自分を小さくて弱くて愛されない存在のように感じたり、混乱しているとか、怠けているとか、わがままだとか、欲望や嫉妬にまみれているとか、意地悪だとか、臆病だとか感じたりしているのだ。そんな自分のシャドウと他人のシャドウを理解するには、他人の行動によって引き起こされる自分の感情を観察するといい。

たとえば、先ほど挙げた高慢な知識人気取りの人物と会話するとしよう。あなたが出したアイデアを、その人は鼻で笑い、即座に「馬鹿げている」と否定してきた。さて、あなたの反応は？　たいていの人は怒りや困惑や恥ずかしさでいっぱいになり、自分を守ろうとしてむきになるだろう。とびきり賢そうなことを言って相手の間違いを証明しようとするか、同じように笑いながら侮辱の言葉を投げ返すか。

どちらも相手のシャドウがあなたの中に引き起こしていることだ。その反応が生じるのは、あなたの内面のどこかに、馬鹿で劣っていることに対する嫌悪感があるからに違いない。だが、相手とのやりとりの間、冷静さを保ち、意識的であり続けられるなら、立ち止まって自分の反応に気づき、好奇心をもって観察できる。注意深く耳を傾けていると、相手の侮辱的な言葉の中から、その人自身について語るとても重要な何かが聞こえてくるものだ。

洞察力と観察力にすぐれた人たちは、人が誰かに侮辱の言葉をぶつける場合、たいていは、自分では認められないレッテルを自分自身に貼っているにすぎないことを知っている。あなたもその点に気づいたなら、冷静な頭で会話を続けられるようになる。さもなければ、口喧嘩という自己防衛的な批判合戦に陥りかねない。それでは、ある種のシャドウゲームを戦おうという相手の誘いにまんまと乗せられているようなものだ。

シャドウは人の動機の中にも現れる。先ほどの中年男性は、若さと性的活力を失ったことへの悲しみを意識の外に追いやっていたが、その悲しみは、セクシーで新しいスポーツカーとなってはっきり現れていた。あなたが次に誰かと出会ったら、以下の質問を自分に投げかけてみよう。より深いレベルで相手の姿が見えてくるはずだ。

- この人は、どんな人物と思われたくて、こんなことをしているのか。
- この人が認めたくない自分の性質とは何か。
- その認めたくない性質が無意識のうちに働いて、この人に今のような行動をとらせているのではないか。
- では、このわたし自身はどう感じているだろう。この人はわたしに何かを投影している、わたしのシャドウを刺激している、とわたしは感じているのだろうか。
- この人のシャドウに対して今、思いやりと理解を伝えるには、どうすればいいか。

誰かと話すとき、このシャドウ理論を応用すれば、相手が見せない部分も含めた「すべて」に語りかけることができる。つまり、人の心の「行間を読む」ということだ！

インナーチャイルドは生きている

他人の心の奥にある動機に目を向けるもうひとつの方法は、「インナーチャイルド」に気づき、存在を認めてやることだ。インナーチャイルドは、わたしたちの中の無意識な部分であり、小さな子どもだった頃の自分を表している。

なにしろ、自分の性質のどこが好まれ、どこが好まれないかを学ぶのは、子ども時代なのだ。したがって、その頃から人はシャドウを築き、意識的な人格を形成し始める。「インナーチャイルドワーク」というと少し突飛なものに聞こえるが、じつは、**シャドウの存在を認めてやり、そっと抱きしめることにほかならない。**

自力でインナーチャイルドワークを行うにせよ、セラピストの力を借りるにせよ、自分の内なる子どもと楽しく対話するといい。いっしょに日記をつけたり、絵を描いたりしながら、思いやりのある大人の心境で幼い自分を育て直すのだ。かつてその子が求めても得られなかったものをすべて与えてやろう。

では、このインナーチャイルド理論を使って、他人の心を読むスキルを向上させられないだろうか。相手のシャドウの働きを見抜くときと同じやり方で、インナーチャイルドの動機も見てとれるはずだ。たとえば、あなたがパートナーと口論になり、相手が腹を立て、むきになっているときでも、癇癪《かんしゃく》を起こしている怖がりの子どもの姿を見てとれるなら、相手の振る舞いがはるかにはっきりと理解できるだろう。

見た目は大人でも中身は子どもという人に、あなたもおそらく出会ったことがあるだろう。突然その場に不釣り合いなほどの感情をむき出しにしてくる人には、注意が必要だ。いきなり怒り出したり、急に傷ついたり、むきになったり、気分を害したりするのは、何かがその人の神経に障《さわ》った可能性がある。無意識——シャドウであれインナーチャイルドであれ、その両方であれ――が何らかのかたちで活性化されているのだ。

誰かと接しているうちに、まるでその人の「親」になったような気がするとしたら、相手はインナーチャイルドと完全に一体化している可能性が高い。大人になると、わたしたちは責任を負い、自制心を働かせ、理性と他者への敬意をもって振る舞うように期待される。だが、子どもモードの人は（心理的に）子どものままなのだ。そういう人と接していると、あなたはまるで親のようになだめたり、叱ったり、責任を代わりに引き受けたりしなければならないと感じる。

たとえば、あなたは職場で新しい人と仕事をすることになったとしよう。ところが、彼はあなたとのミーティングをすっぽかしたうえ、自分の仕事もせずに、あなたにしりぬぐいを押しつけてくる。あなたに叱責されると、ふくれ面で否定したきり、すねてしまう。どうやら彼はインナーチャイルドと完全に一体化しているようだ。この人は聞き分けのない反抗的な子どものままで大人になっていない、そう気づいたあなたは親モードに入るのを踏みとどまる。もう彼を叱ったり、なだめすかしたりして仕事をさせるのはやめだ。

おそらく、彼は、権限や責任といった、自分では引き受けたくないものに対して、そんなふうに反応するすべを幼い頃に学びとったのだろう。だが、あなたは、彼の中にある大人の側面と向き合うことで力関係に変化をもたらそうとする。**彼に子どもモードでいることを許さずにいれば、ひどい対立を生むこともなく、やがて事態は解決に向かうだろう。**

微妙だが力強い変化が起きるはずだ。現に生じている行動だけではなく、その行動がどこからきているか、なぜそうなのかに注目しよう。それでも選択肢が広がるとは限らないが、状況理解が深まるという点では本質的に貴重であることに変わりはない。

心理学が一般社会の思想に果たした貢献のひとつは、状況や事象は単にその現実的な特徴の面だけでなく、当事者の人柄や人間的欲求や動機の面からも解釈できる、という考え方だ。では、次のセクションでこの理論をさらに詳しく見ていこう。

快楽か苦痛か

ある人の真の動機に焦点を絞り、それが何かを把握できれば、その人に対する理解がぐんと深まり、おそらくは未来の行動まで予測できるようになる。この心理学的アプローチを用いれば、相手の視点に立ち、その人の思考や行動が何を「得る」ためのものかが、はっきり見えてくる。すると、途端にその人とのかかわり方も豊かなものになるのだ。

ここでもやはり、感情と価値観を抜きにしては語れない。どちらも同じものをめざしている場合が多いからだ。感情と価値観は、その人の行動の理由と人物像を知るもうひとつの視点を提供してくれる。

動機の源泉を探り当てる理論の中で、最も有名なのは「快楽原則」だろう。なぜ有名かというと、最も理解しやすいからでもある。快楽原則が初めて一般社会に注目されるようになったのは、精神分析の父と呼ばれるジークムント・フロイトの功績による。だが、古くは古代ギリシャのアリストテレスのような学者たちも、人間が快楽と苦痛によっていかに操作されやすく、動かされやすいかに注目していた。

快楽原則によれば、人間の心は、快楽を追求し苦痛を回避するためなら何でもする。それくらい単純なものだという。そして、その単純さの中に、人生で最も普遍的で予測可能な動機がある。

わたしたちの脳の中で、快楽原則をもとに機能しているのは、自然な欲求や欲望のすみかと言われる爬虫類脳《はちゅうるいのう》だ。爬虫類脳には自制という感覚がない。脳全体の中でも原始的な領域であり、感情を制御するフィルターがかかっていない。肉体的な喜びや充実感のためには何でもする。快楽を生じさせるものであれば、おいしい食事もドラッグも爬虫類脳にとっては同じだ。ちょうど、麻薬を手に入れるためなら手段を選ばない薬物依存症者に似ている。

快楽原則にはいくつかの法則があり、それらがまた、わたしたちの行動を予測しやすくしている。

法則その❶

わたしたちが下す決断はすべて、快楽を得るか苦痛を避けるかにもとづいている。

これは地球上のすべての人間に共通する動機だ。一日の中で何をするにしても、その核心には快楽原則がある。冷蔵庫でスナックを漁《あさ》るのは、何かの味や食感が欲しくてたまらないからだし、髪を切ってもらうのは、もっと魅力的に見られたいからだ。もてるのは気分がいい。快感が得られる。

一方、ガスバーナーを使うときに防護マスクをかぶるのは、火花が顔や目に当たって痛い思いをしたくないからだ。短期的な決断であれ長期的な決断であれ、その原因をたどっていくと、何かしらの快楽や苦痛にたどりつく。

法則その❷
人は快楽を得るよりも苦痛を避けるために努力する。

誰もができるだけ快楽を手に入れたいと感じる一方で、苦痛を避けたいという動機のほうがじつははるかに強い。生命が脅かされる状況では、生き延びることのほうが、大好きなお菓子を食べることよりも緊急性が高い。だから、苦痛に直面した脳は快楽を得ようとするときよりも頑張るのだ。

今、あなたは砂漠の真ん中の道に立っているとしよう。目の前には、大金ととんでもなく高価な宝石の詰まった宝箱がある。それを手に入れれば、残りの人生はお金には困らないだろう。そのときコントロールを失ったトラックが突進してきた。とっさにあなたは宝箱をつかむより、トラックから身をかわすことを選ぶ。苦痛――この場合は確実な死――を回避しようとする本能は快楽の欲望に勝るからだ。

もしあなたが過去にどん底の状態に陥って、とてつもない苦痛に直面したことがあるなら、二度と同じ経験をしないように行動するに違いない。深手を負う危険は、ちょっとした違和感よりもあなたの爬虫類脳にとっては大きな動機になる。

法則その❸

快楽や苦痛について考えることは実際の快楽や苦痛よりも強力な動機になる。

わたしたちの脳は、快楽と苦痛のどちらを経験しそうかを見きわめるとき、ある行動の結果はこうなるだろうと「考え」、そのシナリオにもとづいて働く。つまり、快楽か苦痛かという考えが実際にわたしたちを動かしているということだ。しかも、その考えは間違っている場合がある。いや、むしろ間違いだらけで、自分のためにならない方向に働きやすいくらいだ。

そのいい例が、ハラペーニョ・チャプリネスという、メキシコの伝統的な辛いスナックだろう。おいしいうえに低糖質でヘルシーなのだが、「チャプリネス」とは「バッタ」を意味する。つまり、ハラペーニョ・チャプリネスはチリ風味のバッタ。そう、昆虫食だ。

たぶん、あなたはバッタの味を知らないだろう。食べようとしたこともないだろう。「考えた」だけで躊躇《ちゅうちょ》するのではないか。なんだか舌に刺さりそうだし、口に入れるなんて想像しただけでぞっとする。うっかりバッタの内臓をかんでしまったらどうしよう。バッタを食べるという「考え」が、実際に食べるという行為から、たちまちあなたを遠ざけていく。

だが、あなたはまだ実際には「食べていない」。バッタを食べたら吐き気を催すのではないかと「考えている」だけだ。実際に食べたことがある人に、ちゃんとしたバッタ料理はおいしいから試してみて、と言われようが、あなたは昆虫食に対して抱いている「考え」を克服できずにいる。

法則その❹

快楽と苦痛は時間とともに変化する。

一般的にわたしたちの意識は今ここに集中している。つまり、何をすればすぐに幸せを感じられるか、そして、何を回避すれば、当面、大きな苦痛を経験せずにいられるか。いかに快適さを獲得するかに関して、わたしたちは今すぐにでも起こりそうなことに照準を合わせる傾向がある。数カ月先、数年先にやってきそうな快楽や苦痛はピンとこない。最も重要なのは目の前にあるものだ。もちろん、この場合も、わたしたちの考えは間違いやすく、そして、行動を先延ばしにする原因にもなりやすい。

たとえば、たばこなしではいられない人がいるとしよう。その人にとってはたばこを吸うことが目下の重要な課題だ。早く吸ってほっとしたい。幸せを感じたい。あと15分で休憩時間になったら一服しよう。それが毎日の重要な儀式になっている。「なくてはならない」一服が、先々、深刻な健康問題を招くかもしれないなどとは思いもしない。遠い未来のことはどうでもいいのだ。今はたばこを吸うことしか考えられない。吸わなければたちまち頭痛に襲われそうだ。

法則その5

感情は理屈を打ち負かす。

快楽原則では、感情が合理的な思考をしのぐ傾向がある。あなたは何をすれば自分にとってよいか悪いかを知っていて、なぜそうなのかも理解できるだろう。そう、頭では分かっているのだ。ところが、非論理的なエゴが強烈に別の欲求を満たそうとしてくると、おそらくは、欲求に軍配が上がる。いくら有益なことだろうと、それを実践すればストレスがたまりそうだし、当面は不満を感じるのではないか。そう感じ始めたら、理屈に勝ち目はないのだ。

先ほどの喫煙者の例に戻ると、たばこが健康に悪いことは間違いない。本人もパッケージの警告を読んだことがある。学校で長年の喫煙で真っ黒になった肺の写真を見たこともある。自分が招こうとしているあらゆるリスクを「知っている」。だが、目の前にたばこのパッケージがあると、理屈などそっちのけで、そのたばこを吸わずにいられない。快楽を得たいという感情が勝ってしまう。

法則その❻

生存は何よりも優先される。

生存本能が活性化すると、心理や感情を司《つかさど》る脳の部分はすべてスイッチオフになる。生命の危機に瀕した（あるいは、瀕していると感じた）とき、脳は生き延びること以外に関連する領域をシャットダウンし、わたしたちを機械に変える。そして、思考と行動のすべてを生き残ることに集中させる。

苦痛の回避という点から考えれば、驚くに当たらない。突進してくるトラックから、あなたは当然、身をかわそうとするはずだ。そうでなければ死んでしまう。生存本能というシステムはあなたに死を選ばせない。何としてでも、トラックをよけようとするだろう。

ところが、生存本能は快楽を求めるときにもかかわってくる。その快楽が危険だと分かっていても、だ。最も分かりやすいのが食べ物だろう。たとえば、あなたがバーにいると、誰かが大盛りのナチョスを注文したとしよう。チーズやらサワークリームやら脂っこい肉やら、あなたが頼みそうもないものがてんこ盛りだ。それを見ても、そそられない人もいるだろう。だが、あなたは誘惑に勝てないかもしれない。気づかないうちに、半分平らげていてもおかしくはない。

なぜか？　生きていくためには食べ物が必要だからだ。それに、脳がささやいている。そばに食べ物があるなら食べてみればいいじゃないか。ジャンクフードだって気にするな。目の前にあるんだから、今すぐにナチョスを食べよう。だって命がかかっているんだぞ。そう生存本能は告げるのだ。

快楽原則は、市場や人間の購買行動を予測しようという経済学的な試みから生まれた考えとも関係している。その考えは合理的選択理論と呼ばれ、実践する人たちのことを、冗談めかしてホモ・エコノミクス（経済人）と名づけた。つまり、わたしたちの選択と決断のすべては、自己の利益と、人生にできる限りの快楽をもたらしたいという欲望から生じるのだという。現実はこの理論どおりになるとは限らない（さもなければ、市場と株価は100パーセント予測可能になってしまう）が、人間の動機のシンプルさを説明しているのはたしかだ。

次にあなたが誰かと出会ったとき、あるいは、誰かの心を読もうというとき、快楽と苦痛という動機の面から、相手の行動を眺めてみるといい。その人の行動がどんな利益を得るためのものなのか、どんな害を避けるためのものなのか、その両方なのかを、考えてみよう。

たとえば、5歳になるあなたの子どもが疲れて部屋を片付けないとしよう。そんなときは快楽と苦痛の観点から考えるといい。

「部屋を片付けなさい」というあなたの要求は疲れた子どもにとって何を意味するか？　そう、苦痛だ！　苦痛を回避して最大限の快楽を得たいから片付けないのだと分かれば、あなたは要求のしかたを変えることができる。**片付けにゲーム感覚を盛り込んだり、ご褒美をちらつかせたりすると、効果的なコミュニケーションが成立し、あなたの望んだ結果が得られる、というわけだ。**

もちろん、ものごとがつねにこの理論どおりに運ぶかどうか疑問に思うかもしれない。その疑問は正しい。人間は、規律、自制、自己統制を利かせることができる。今すぐには報われないことや、自分ではなく他人の役にしか立たないことであっても、それを実行することに喜びを見出す人もいる。快楽か苦痛かという原則は犬のしつけには有効かもしれない。だが、あなたは自分を精神的にもう少し複雑な生き物だと思いたいだろう。

たとえば、ホロコーストの際に強制収容所の囚人たちは、餓死寸前の状態に陥りながらも、なけなしの食べ物を仲間と分け合った。そういう話は数えきれないほどある。人間は、本来、単なる快楽の追求や苦痛の回避以上のさまざまな動機によって行動するのだ。だからこそ、人の心を読みとるには多くの異なるモデルと理論が必要になる。どれかひとつでは十分ではない。

次のセクションでは、人が通常の快楽－苦痛理論の力学の外で行動する理由をより深く理解するために、欲求中心の理論を見ることにしよう。

欲求のピラミッド

マズローが提唱した「欲求のピラミッド」は心理学の歴史の中で最も有名なモデルのひとつだ。彼は、人間の「欲求」を5段階に分け、低次の欲求——食事、睡眠、温かさ——は、より高次の欲求——愛、自己実現、天職——の前に満たされる必要があるとした。このピラミッドは、人生のある段階の欲求が満たされると、動機が変化し、ひとつ上の段階の欲求が生じることを視覚的に示している。**また、通常、その欲求の段階は本人が人生のどの段階にいるかとも一致する。**

1940年代に心理学教授アブラハム・マズローが登場するや、彼の理論は、あらゆるものをひとつの革新的な考えに集約させた。すなわち、人間は一連の基本的な欲求の産物であり、「何かが足りない」という欠乏状況が心理的な問題のおもな原因になる。その欲求を満たすことが、日常的にわたしたちを動かしている、というのだ。

提唱者の名を冠した「マズローのピラミッド」は、人間の基本的欲求と願望を階層構造に分類し、それらが一生の間にどう進化するかを説明している。その機能ははしごにたとえられる。**より基本的な欲求が満たされないと、ストレスや不満を抱かずに次の段階へ進むのはきわめて困難だ。そして、あなたがはしごのどの段にいるかによって、あなたの動機も変わる。**

人の欲求とそれに伴う動機は、子どもから大人へと成長するにつれて変化する。具体的に考えてみよう。乳幼児はキャリアだの生きがいだのといった欲求をもたない。もっぱら休養と栄養と安心できる場所があれば満足していられる。（新生児をもつ親なら分かるだろうが）授乳と生存、それだけが子どものリアルな欲求なのだ。

ところが10代を迎えると、人は単に生きて健康でいるだけでは満足できなくなる。対人関係や友情を切望し、帰属感や連帯感を求めて行動を起こす。やがて大人の仲間入りをする頃には、仲良しグループと過ごすだけでは満足できなくなる。人生全体に目的意識がないと虚しさを感じるのだ。

その時期には、幸いにも経済的に自立して、家族を養えるようにもなる。すると、わたしたちの願望や欲求は、自分の内側ではなく外側へ向き始める。それは、投資家ウォーレン・バフェットや実業家ビル・ゲイツのような人たちが世界を変えようとして慈善活動に参加するのと同じ理由からだ。

マズローの欲求の階層は、あなたがその階層のどこにいるかによって、どんな動機で行動するかを次のように説明している。

第1段階：生理的欲求

幼児の日常生活を見ていればよく分かるが、彼らにとって重要なのは生存のための基本的欲求（食べ物、水、居場所）が満たされることだ。それらが保障されないと、他の何かで満足を得るのは難しい。むしろ、他のもので欲求を満たそうとするのは危険ですらある。つまり、この段階の欲求は何よりも先にまず満たすべき基本的なレベルの欲求ということだ。

第2段階：安全欲求

お腹がいっぱいで、着るものがあり、屋根の下で暮らしている人は、それらを継続的に手に入れようとする。安全を確保し、維持するために、安定した収入源やリソースを求めるのだ。第1段階と第2段階は生存を保障されたいという欲求だが、残念なことに、環境に恵まれず、これらの段階を一度も満たせない人は大勢いる。そして、当然ながら、そういう人たちには自分の潜在能力の実現にかまっている余裕はない。

第3段階：愛と帰属感の欲求

生存が保障されると、次は大切な人たちと人生を分かち合いたいという欲求が生まれ、それが満たされないと、人は相対的に虚しさを覚える。人間は社会的な生き物だ。事例研究によれば、孤独を感じて暮らす人は、たとえ十分な食事や安全が確保されていても、精神的不安定を引き起こすという。これには、友人や家族との関係や、社会生活で失敗していると感じない程度の人付き合いも含まれる。

当然ながら、この段階は多くの人にとって難関になる。健全なライフスタイルの構築に必要な人間関係をもてないことが理由で、充実感を得られなかったり、高いレベルの願望に集中できなかったりするのだ。友人が1人もいないために低レベルの幸せから抜け出せずにいる人のことを容易に想像できるだろう。

第4段階：自尊心の欲求

さて、人間関係そのものはあるとしよう。でも、それは、あなたに自信や支えられているという感覚をもたらす健全な関係だろうか？

この段階では、他者とのかかわり合いがあなた自身に及ぼす影響が問題になる。成熟の度合いが分かるという点で非常に興味深い段階だ。結局のところ、この段階の欲求は自己受容の問題でもあるからだ。あなたが他人から誤解されようと、あからさまに嫌われようと、ありのままの自分を受容できるなら、健全な自尊心をもっているということだ。この段階で健全な自尊心を得るためには、一定の実績の積み重ねや他者からの尊敬が必要になる。他者とどう付き合うか、他者をどう助けるかと、自分をどう感じるかの間には強い相互作用があるのだ。

第5段階：自己実現の欲求

マズローのピラミッドのてっぺんにあるのは自己実現だ。この段階に達すると、自分自身や自分の欲求を超える高い次元のために生きられるようになる。何らかの原理とつながり、単なる便利さや快適さ以上の領域へ踏み込みたいという欲求を感じるのだ。それは、精神性、創造性、自発性の領域であり、先入観のない、ありのままの現実の世界でもある。

自己実現がピラミッドの頂点に位置するのは、それが人間にとって最高の（そして最終的な）欲求だからだ。下位の欲求がすべて満たされたとき初めて、人は最終段階に到達する。あなたのそばにも、自分の関心事や自尊心、他人にどう思われるかといったことにはあまり意識を向けず、ほんとうに高いレベルで生きている人がいるだろう。天職と人生の目的を見つけたいと言う人はこの段階に達している人だ。

マズローの理論は、わたしたちの日常的な願望のすべてを正確にとらえているとは限らないが、人生で何を求めているかを大まかに知るための手がかりにはなる。**誰かを観察するとき、その人の人生がどの段階にあり、目下のところ何を重視しているか、次の段階に進むためには何が必要かを理解する手助けになるはずだ。**

たとえば、女性たちのシェルターで働くカウンセラーがいるとしよう。保護を求めてやってくる人たちにどうアプローチし、どうコミュニケーションをとればいいかを判断する際、カウンセラーはこのマズローのピラミッドを利用する。施設にやってくる女性にとって、最初の関心事は「身体的な」安全が確保されることだ。家庭内暴力から逃げていたり、経済的に困窮していたり、子どもの幸せを心配していたりする人は、カウンセラーが「ワークブックで自分を愛する練習をしましょう」と言っても、応じる余裕などないだろう。一方、シェルターで数カ月過ごしている別の女性の場合、身体的な欲求はおおむね満たされていても、仲間や帰属意識を求めているかもしれない。そういう人には、親しさと支えが必要なことをカウンセラーは知っている。

今の段階でカウンセラーが「あなたを虐待した人を許して、自分らしく生きましょう」的な高次のコンセプトを語ったところで、どちらの女性にとってもまったく意味をなさないだろう。だが、相手が家庭内暴力の経験から順調に立ち直っている段階にあるなら、ピラミッドの上層の欲求が芽生えていてもおかしくないし、自分自身について考える余裕も出てくる。すぐれたカウンセラーなら、欲求の階層構造の知識を利用して、個々の女性にどう話しかければいいかを判断し、各自の心の奥にある動機に合ったアドバイスやサポートを行うだろう。そういうカウンセラーは他者の心を理解できる人であることは間違いない。

だが、ある日、パートナーにひどく殴られて痣《あざ》だらけの女性が施設にやってきたとしよう。彼女は虐待されている事実を認めようとせず、話をはぐらかすばかりだ。いったい何が起きているのか。次のセクションでは、人が快楽を追求し苦痛を回避するとき、あるいは欲求を満たそうとするときに用いる重要な方法、つまり、防衛機制についてて見ていこう。

エゴの防衛機制

他者から自分を守ることは、しばしば人の行動の理由になる。そして人はさまざまな理由からエゴを守ろうとする。自分を守ろうとするエゴの本能は現実を歪《ゆが》め、大々的な知的不誠実と自己欺瞞《ぎまん》を引き起こす。したがって、防衛機制も人の行動を理解するうえで強力な指標になる。

たとえば、仕事でうまくいかない人が、自分のスキルと能力の低さを認めたくなくて、こんなふうに責任を転嫁する場合がある。「ボスはわたしを目の敵にしているけど、わたしを育てたのは誰だ？　ボスじゃないか！　全部ボスが悪いんだ」。人はつまずいて転んだことを取り繕いたくて、6日前に雨が降ったせいだとか、靴がすべりやすいからだとか、誰かが石を置いていったからだと言う。そうかと思えば、学校でバスケットボールチームに入りそこねたのは、コーチに嫌われているからだとか、あのプレースタイルには慣れていないからだとか、いや、そもそもチームになんか入りたくなかったんだとか、理屈をこねたりもする。

エゴが介入して防衛に走ると、そんな言葉が飛び出してくる。正当化と責任転嫁が行きすぎれば、どこまでが現実で、どこからがそうでないかを知るのは困難だ。

こうした現象のすべては、自分は間違いたくない、失敗したくないと思う普遍的な人間の真理から生まれる。誰でも間違いや失敗は恥ずかしい。恐れていた最悪の自分を認めることになってしまう。間違いを教訓ととらえる代わりに、わたしたちの本能は恥から逃れ、隅で縮こまっていることを選ぶ。自分が１００パーセント間違っていると知りながら、とことん主張を曲げなかったりするのも同じ理由からだ。もしエゴに姿があったなら、大きくて傷つきやすい図体を（攻撃に打って出られるほど）分厚い鎧《よろい》で固めているに違いない。さしずめ、巨大なハリネズミといったところか。

エゴは危険を感じると、事実かどうか確かめようともしないし、そもそもその時間もない。なるべくすみやかに、その不快感を和らげようとする。それは、エゴが無事でいられるように、自分自身を欺くことを意味する。

わたしたちは真実にふたをし、目をそむけ、害が少なそうに見える別のバージョンの真実をつくり上げる。知的不誠実が生まれるのはまさにその瞬間だ。そうやってひねり出した複雑な理屈の中に、精査に耐えられるものなどあるだろうか？　おそらくないだろう。それでも、エゴは実際に起きたことを認めようとも分析しようともしない。エゴはわたしたちに目隠しをするのだ。

断っておくが、知的不誠実とは前もって創作したりでっち上げたりするものではない。そこには自分を偽ろうという「意図」がないし、場合によっては偽っているという自覚すらない。こうした自己防衛のメカニズムは無意識に発動するのであって、自分を意識的に「ごまかそう」として知的不誠実を働くわけではないのだ。エゴは、馬鹿だとか間違っていると思われたりすることをつねに恐れている。知的不誠実は、そんな神経質なエゴが自動的に繰り出す戦略にほかならない。だがあいにく、その戦略は最悪の場所にはまり込む。「自分が何を知らないかを知らずにいる」ことを意味するからだ。

こうしたエゴ主導の思考のエラーが、やがて、その人の信念体系全体に充満すると、ほとんどすべてのことに対して都合のよい言い訳をするようになる。たとえば、どのスポーツチームにも入れないのは、いつもコーチのせいだし、運転免許試験に受からないのは、自分の反射神経が「特殊」だからだ、と。

こうした嘘がその人の全体的な現実になると、その嘘を頼りに、難局を切り抜けようとしたり、真実に目を向ける努力をしなくなったりする。これは、自分がバイオリンの名手でないことにもっともらしい理由をつける、というような単純な話ではない。こうした思考様式は、何ごとに対しても誰に対しても、その人の決断、思考、評価を促す要因になるのだ。

だから、「自分が間違っている」のひと言をどうしても口にできない人に出くわしても、あなたはもう理解に苦しまなくていい。その人の頭の中で何が起きているか、これでお分かりだろう。本人は気づいていないかもしれないが、少なくともあなたは、その人をより深く分析することができる。

フレッドの話をしよう。フレッドは昔から、あるポップスターの熱烈なファンだった。そのスターの音楽を聴いて育ち、憧れの存在と自分を重ね合わせることが多かった。寝室の壁をスターのポスターで埋め尽くし、クローゼットにはスターの洋服のレプリカを一式取り揃えていたほどだ。のちに、そのスターが重大な犯罪で裁判にかけられたとき、フレッドは長年のアイドルを断固として擁護した。法廷につめかけた記者たちが事件のおぞましい詳細を報じても、態度を変えることがなかった。フレッドに言わせれば、「俺の憧れの人がそんなことをするはずがない。彼を恨んでいる連中が難癖をつけてでっち上げているだけ」なのだ。

そのポップスターはやがて有罪になり、数年間の懲役刑を言い渡されたが、その頃、フレッドは裁判所の前で無実を訴えるプラカードを掲げるようになっていた。動かしがたい証拠が新聞に報道されたときでさえ、被害者の訴えに耳を貸さず、「嫉妬深い連中が注目を浴びたくて」ついた嘘だと言って、スターの潔白を主張し続けた。

なぜフレッドは、合理的で有力な証拠が明らかになっても、アイドルの無実を訴え続けたのか。それは、彼のエゴがポップスターを崇拝するあまり、潔白に違いないと信じ込んでいたからだ。**真実を受け入れることは信念に大打撃を与える**（「**犯罪者を崇拝していたなんて、いったい俺はどういう人間なんだ⁉**」）。**だからエゴは一瞬たりとも真実を認めようとしない。**スターの有罪を示す強力な動かしがたい証拠でさえ否定してみせる。

あなたが真実と明確な思考を追求すれば、エゴは怒ったハリネズミのように醜い頭をもたげるだろう。エゴは、信念体系をひっくり返しかねないものをあなたに見せたくなくて、巧妙に壁を張り巡らせている。あなたが真実に目を開くことができるのは、エゴの手綱を握ったときだけだ。要するに、エゴを守ることと、真実を学ぶことは同時に成り立たないのだ。

防衛機制は、エゴ、プライド、自尊心を守る特定の方法であり、困難に直面したとき、わたしたちの心理的な支えになる。「防衛機制」という用語はジークムント・フロイトが提唱した理論に由来する。

その防衛機制は行動の強力な予測因子として、人の振る舞いを理解するうえでもおおいに役立つ。多種多様なかたちをとりうるものの、他人の（そして願わくは、あなた自身の）行動の中にいくつかの共通のパターンとなって表れる。エゴが認めたくないもの、直視できないもの、あるいは、真実であってほしくないと願うものに出会ったとき、心理的な盾となって働くのだ。

喪失、拒絶、不安、不快感、屈辱、孤独、失敗、パニック……これらはすべて、ある種の精神的なトリックを使えば防御できる。そこで、こうしたネガティブな感情からわたしたちを守るために防衛機制が働くわけだ。その作戦は一時的にはうまくいくが、長い目で見た場合、効果的とは言えない。なぜなら、いつかは湧いてくるであろうネガティブな感情と向き合い、受け入れ、消化するチャンスをわたしたちから奪うことになるからだ。

当然ながら、相手の防衛機制が働いているのを観察できれば、その人の性格や世界観を推測できるようになる。**とくに、その人にとって受け入れがたいものが何かが分かってくる。すると、相手が自己をどう認識しているか、自分の強みや弱みをどうとらえ、何に価値を置いているかも見えてくる。**

では、そうした防衛機制について具体的に考えてみよう。フロイトの娘であるアンナ・フロイトが提唱した2つの防衛機制「否認と合理化」はとくに有名だろう。

否認は最も古典的な防衛機制のひとつだ。その理由は使いやすさにある。たとえば、仕事の成績が振るわなかった人が、「いや、あの全社員成績ランキングなんて信じられない。わたしが最下位だなんてありえない。コンピュータの計算ミスに違いない」と言うのがそうだ。

何もかも帳消しにできるかのように、真実を嘘だと言い張り、ネガティブな事実な

ど存在しないかのように振る舞う――それが否認だ。しかも、自分では気づかない場合さえある。とくに、現実とは思えないくらい切迫した状況に置かれたときほど否認は起きやすい。

「それは違う」のひと言で、しばしば人は自分の正しさを信じられるようになる。それほど否認は魅力的なのだ。しかも、そうやって自分の現実をつくり替えていれば、他の防衛機制が拍車をかけてきて、つくり替えた現実をますます信じやすくしてくれる。だから否認は最も危険な防衛機制でもある。とんでもない問題に直面しながら、人はそれを無視して、必要な手を打とうとしなくなるからだ。去年、たてつづけに車の事故を起こした人が、それでも自分は優秀なドライバーだと信じ続けていたら、安全運転の講習を受け直す気などさらさら起きないだろう。

合理化は、ネガティブなものを言い逃れるときに使われる。つまり言い訳のことだ。よくない行いや事実があったにもかかわらず、コントロールの及ばない事情のせいにして、避けられなかったものに変えてしまう。ネガティブなことが起きたのは自分のせいではないし、自分に責任はない、というのが要点だ。そうすれば自分の能力に泥を塗らずに済むから、とても便利なものだ。不便なのは想像力を要することくらいか。

先ほどの仕事の成績不良者もこんなふうに言い訳するかもしれない。「上司が内心わたしを嫌っているからだ」「同僚たちがたくらんで足を引っ張った」「コンピュータはわたしのソフトスキル（対人能力）までくみとってくれない」「予期せぬ渋滞で遅刻を避けられなかった」「2つの仕事をかけもちしているからだ」。なんとも薄っぺらな言い訳だが、自分を守ろうとするエゴには欠かせない。

合理化とは「すっぱいぶどうの寓話」を地で行くことを意味する。お腹を空かせたきつねが、高いところになっているぶどうの実をとろうとするが、ジャンプしても届かない。ジャンプ力の欠如とぶどうを食べられない悲しみ、その両方を和らげるため、きつねは、「あのぶどうはすっぱいから、手に入らなくても惜しくない」と自分に言い聞かせる。あいかわらず空腹には違いないが、きつねにとっては失敗を認めるよりましなのだ。

合理化を使えば、自分が下したお粗末な決断を棚に上げて、心を穏やかに保つこともできる。「どの道、いつかはこうなるはずだったんだ」とかなんとか。そうすれば、失敗や拒絶やネガティブなことに向き合わずに済む。いつだって自分ではない誰かのせいなのだから！

では、心が安らいでいる間、現実と真実はどこへ行くのか？　せいぜい窓の外あたりだろう。知的誠実さを身につけるためには、まず、不誠実になりがちな生来の傾向に打ち勝つ必要がある。自己防衛の言いなりになっている思考と、明確で客観的な思考は、共存できないのだ。

否認と合理化によく似ている防衛機制に**抑圧**がある。**否認は現実を拒絶したり、真っ向から否定したりするが、抑圧は現実にまつわる考えや感情を意識の外へ追いやり「忘れ去る」。**まるで脅威となる感情が最初から存在しなかったかのように。虐待された子どもが分かりやすい例かもしれない。虐待は子どもにはなすすべがない非常につらい経験だ。そこで、虐待の記憶を遠くへ押しやることで、向き合わなくて済むようにするのだ。

ときには、そういう圧倒的な感情そのものより、その感情を抱かせる原因のほうが、エゴにとっては受け入れがたい場合がある。それは**置き換え**と呼ばれる防衛機制のひとつであり、不快な真実から自分を守るために生じる。

ある女性は大嫌いな仕事を現実的な理由からやめられず、しかたなく続けている。自分の仕事がたまらなく嫌いなのに、そのことを口に出せない。認めさえしない。**なぜなら、お金に困っているという恐ろしい事実に目を向けたくないからだ。そこで、その嫌悪感を別のところへ向けることを選ぶ。**毎日帰宅すると、犬を蹴ったり、子どもを叱り飛ばしたりするのは、いらだちの原因がそこにあると思っているからだ。自分の中にある怒りの正体と向き合うより、ペットや子どもに向かっているほうが、彼女にとっては簡単で気が楽なのだ。

投影は、正体を知らないとかなりのダメージとカオスを引き起こす防衛機制だ。**投影が起きると、人は好ましくない感情や望まない感情を自分の性質の一部として見るのではなく、他人や何か別のものに押しつける。**自分の「ダークな一面」を認めず、欠点や落ち度を他人の性質であるかのように転嫁するのだ。

妻を裏切って浮気している男性を例にとろう。彼は自分の行動が許されないことを知っているが、自分を責めるのではなく、その罪悪感を（困惑顔の）妻に映し出す。突然、妻の行動が怪しく見えてきて、自分ではなく、彼女のほうが何かを隠しているのではないかと責め始めるのだ。

同性愛への嫌悪を露《あら》わにしていた男性が、のちにゲイだったことが明らかになるという例は、今ではよくあることだ。その裏では反動形成が働いているのかもしれない。**否認は「そんなことは起きていない」と事実を否定するだけだが、反動形成は一歩進んで、「そんなことは起きていないし、むしろその逆だよ。ほら！」と主張するのだ。**

がんの診断を受けて震え上がっている女性は、自分の中の恐怖を認めるよりも、勇気あるふりをすることを選び、死は恐れるに足らず、と周囲にふれて回るかもしれない。

極度の心理的苦痛に直面すると、ものごとがシンプルだった時代（子ども時代）へ**退行**する場合がある。幼い頃は人生が楽だったし、要求されるものが少なかったから、強い恐怖や不安に襲われたとき、わたしたちの多くはその時代へ戻ろうとする。**「子どもっぽい」振る舞いをすることで、恐怖や不安に対処しようとするのだ。**納税申告のミスで法的な問題に直面している男性がいるとしよう。彼は状況を把握しようともせず、会計士と喧嘩を始めてしまった。子どものように「癇癪」を起こしてテーブルを拳で叩いている。周囲の人間が諭そうとすると、口をとがらせてふてくされる始末だ。

防衛機制の最後を飾るのは昇華だ。**ネガティブな感情を別のところへ向けるという意味では置き換えや投影と同様だが、昇華の場合、その感情をより好ましい出口へと**

導く。たとえば、ある独身男性は一人暮らしの孤独に耐えられなくなったが、満たされない思いを慈善活動に向け、週に4晩、ボランティアに従事することにした。悪い知らせを受けとった女性が、何ごともなかったように、家に帰り、春の大掃除を始めたという例もある。パニックや不安に襲われたとき、祈りを捧げる時間をもつようにしているという人もいる。

エゴの防衛機制は厄介な習性だが、その陰湿さを知っていれば、容易に察知できる。どうにもならないときもあるだろう。わたしたちはみな人間なのだから。でも、防衛機制の知識は、他人を分析する際に利用することも可能なのだ。

重要ポイント

● わたしたちは、他人の行動をその人の感情や価値観をもとに分析・予測する方法を論じてきたが、動機についてはどうだろうか。動機の解釈には、有力でかなり普遍的なモデルがいくつかあり、それらは他人を理解する枠組みとして役立つ。人が何に突き動かされているかを特定できれば、あらゆるものが直接的、間接的にそこから来ていることが見えてくる。

人の動機について論じるには、快楽原則から始めなければならない。つまり、快楽を求め苦痛を避けようとする人間の一般的な性質のことだ。考えてみれば、日常生活のあらゆる部分に、快楽原則が大なり小なり働いていることが分かる。だから、この原則を用いれば、他人の行動はより理解しやすくもなるし、予測しやすくもなる。人が追い求めている快楽や避けたがっている苦痛は、必ず何らかのかたちで表れる。

次に、欲求のピラミッド、もしくは「マズローのピラミッド」と呼ばれる理論をとり上げた。人が人生の段階によって異なる欲求を満たそうとすることを説いた理論だ。したがって、相手がどの段階にいるかを観察すれば、その人が何を求め、何に突き動かされているかを理解できる。欲求は次の5段階に分かれる。生理的欲求、安全欲求、愛と帰属感の欲求、自尊心の欲求、自己実現の欲求。もちろん、この欲求モデルは、次のモデルと同様、快楽原則にもとづいて機能する。

最後に、エゴの防衛機制をとり上げた。防衛機制は最強の動機のひとつだが、たいていは無意識のうちに働く。わたしたちは「劣等感」を抱かせるようなことから自分のエゴを守ろうとしてある種の行動をとる。そんなときのエゴの働きは非常に強力だから、わたしたちは平気で現実を捻《ね》じ曲げたり、自分自身にも他人にも嘘をついたりする。しかも、すべては無意識のうちにだ。責任やネガティブな感情を回避するための防衛機制にはさまざまなタイプがある。否認、合理化、抑圧、置き換え、投影、反動形成、退行、昇華などだ。エゴが活発になると、他の動機を押しのけて主役の座につくことが多い。

第2章
顔の表情とボディランゲージを総合的に解釈する

人の真意や本音はどうやっても表に出てしまうという考え方には説得力がある。口ではなんとでも「言える」が、昔から「行動は言葉よりも雄弁」とされてきた。顔の表情やボディランゲージにはうっかりその人の本性が現れてしまう。わたしたちはつねに何らかのかたちでコミュニケーションをとり、自分の意図や感情を伝えている。そして言葉はその情報のほんの一部にすぎない。

人の行動や振る舞いをリアルタイムで観察することを、わたしたちは一般的に「人を分析すること」と理解してきた。目に見える身体の動きから、その人の頭の中で起きていることを直観的にとらえようとするのは、自然なことかもしれない。それを裏づける科学的な証拠も山ほどある。

人の外見はその人の感情、動機、恐れについて多くを語ってくれる。**たとえ本人が一生懸命隠そうとしても、身体は嘘をつかないのだ！**

とはいえ、このアプローチをとれば、絶対確実に人の動機が明らかになるわけではない。わたしたちが他人と接し、相手の言動の裏にあるものを理解しようとするとき、憶測を立てることには慎重であるべきだ。人はみなそれぞれに異なる存在だし、文脈を抜きにしては語れない。相手の表情やボディランゲージを読みとるにはさまざまな方法が存在するが、どれかひとつの情報だけでは何も「証明」できないのだ。

相手の表情やボディランゲージから本心を読みとる技とは、要するに、目の前で繰り広げられている「シナリオ全体を総合的にとらえること」に尽きる。そのことを忘れずにいよう。

顔を見よ

1960年代に心理学者ハガードとアイザックスが発見したことから始めよう。2人は心理療法中のカップルの顔を動画で撮影し、スローモーションで再生したときだけにとらえられる細かい表情に気づいた。これをもとに、ポール・エクマンは「微表情（マイクロ表情）」という独自の理論を展開し、著書『暴かれる嘘：虚偽を見破る対人学』（工藤力訳、誠信書房）を発表した。

最長4秒まで持続する顔の表情は「マクロ表情」と呼ばれ、誰でも読みとることができる。ところが、それよりも持続時間が短く、移ろいやすい表情となると、訓練を積んだ観察者以外は簡単に見逃してしまう。

エクマンによれば、顔の表情は生理的な反応だ。誰かに見られていなくても、表情という生理的な反応は生じる。エクマンが調査したところ、文化を問わず、人は微表情を使って感情を顔に出していることが分かった。しかも、たとえ本人が感情を隠そうとしていても、あるいは、その感情を自覚していなくても、非常に予測しやすいかたちで微表情となって表れるという。

研究の結果、エクマンは、微表情とは特定の筋肉群の自発的で微細な収縮であり、感情との関連性が予測できるうえ、生い立ち、背景、文化的規範に関係なく、すべての人間に共通すると考えるようになった。

微表情は30分の1秒ほどしか続かない。だが、その一瞬をとらえて、意味を理解できるなら、相手の言葉の向こう側にある真の感情や思考に迫ることができる。

マクロ表情は、ある程度、強引なものだったり、誇張されていたりする可能性があるが、微表情はより純粋で、偽ることが難しいもの、あるいは、隠された感情や急激に変化する感情を暗に示す、と考えられている。

脳内には、顔の表情に関係する2つの神経回路がある。ひとつ目の「錐体路」は随意運動（マクロ表情の大半）を司り、2つ目の「錐体外路」は不随意運動（微表情）を司る。これまでの研究は、強烈な感情を引き起こす場面で、人がその感情を抑制したり隠したりしなければならない外圧を受けていると、これら2つの回路がともに活性化することを示している。

このことは、2つの回路が反発し合うと、より意識的・随意的な表現が不随意的な表現を支配することを示唆している。**それでも、ほんとうの感情は微小な表情となって「漏れ出す」ことがある。わたしたちが相手の表情から本心を読みとろうとするとき、注目したいのはまさにそこだ。**

では、どうすれば微表情をとらえられるのか。

ほんの一瞬、鼻がひくひくしたり、額にしわが浮かんだりしたとして、そこから相手の本心を読み解くことができるのだろうか。

エクマンによれば、人間に共通する感情は６種類に分けられ、それぞれに対応する微小な表情があるという。

たとえば、人が幸せを感じると、頬が上がって口角が斜めに引き上がり、目の下、鼻の下、目尻にしわが浮かぶ。こうした普通の笑顔でおなじみの動きは、微小なレベルでも表れる。

悲しいときの微表情もご想像どおりだ。目尻が下がり、口角が下がる。下唇が震えたり、眉と眉がハの字になったりもする。

嫌悪感の場合は、上唇が持ち上がり、鼻の下や額にしわが寄る。頬が上がって、目がわずかに細くなるかもしれない。

怒りでは、眉全体が下がって緊張し、たいていは眉頭の角度が下向きになる。目にも力が入る。唇はぎゅっと結ばれるか、こわばったように開いたままだ。睨《にら》みつけるような、刺すような目つきになる。

一方、恐怖でも似たような収縮は起きるが、今度は上向きだ。口は開いていても閉じていても、力みが見られるだろう。上瞼《うわまぶた》も下瞼もつり上がる。

驚きやショックはどうかというと、やはり眉がつり上がるが、悲しみのときとは違ってハの字ではなく弓なりになる。上瞼が上向きに、下瞼は下向きに引っ張られ、目が大きく開かれる。ときには、口がぽかんと開いたままになる。

お気づきのとおり、微表情にかかわる筋肉はマクロ表情のそれとたいして変わらない。大きく違うのは速さだけだ。だがエクマンの調査では、その筋収縮の速さゆえに、微表情は見逃されやすく、99パーセントの人は気づけなかった。ただし、エクマンによれば、やはり訓練によって微表情はとらえられる。とりわけ、嘘を見分けられるようになる。嘘は言っていることと感じていることが矛盾する状態の典型だからだ。

エクマンのテクニックは合計32時間の訓練で覚えられるという。だが、今すぐ日常生活でこの原理を応用したい人は、さっそくやってみるといい。

まずは、口で言っていることと顔の表情が矛盾している人を探してみよう。口ではあなたを安心させ、調子よく約束しながら、言葉とは裏腹に、顔にはふと不安がよぎる、そんな人はいないだろうか。

嘘をついていることを示す典型的な指標は他にもある。

たとえば、自分の話は真実だと猛烈に訴えてくる人は肩をわずかに持ち上げる。鼻を掻いたり、首をかしげたり、アイコンタクトを避けたり、話し方がおぼつかなかったり、全体的にそわそわしたりするのも、内側の現実と外側が食い違っていること、つまり、嘘をついていることを示す。

しつこいようだが、ここに挙げた指標も絶対確実ではないことを覚えておいてほしい。これまでの研究は、ボディランゲージや顔の表情と嘘の間に強い関連性があることをほとんど示せていない。単独の身振り手振りからは何も分からないし、多くの心理学者が、微表情は、嘘と関係のない不快感、不安、ストレス、緊張を表す場合があると指摘している。

とはいえ、他のツールとあわせて、文脈を考慮しながら使えば、微表情分析は強力な武器になる。その場合、言うまでもなく、相手をじろじろ見つめる必要がある。通常の社会的な状況では気まずくなるほどあからさまに相手を観察することになる。**それに、大量の関係ないデータを取り除き、意味のある「雑音」と単なる個人的な癖とを見分けなければならない。**

いずれにしても、必要な訓練を受けていない人が嘘を見分ける精度は驚くほど低い。たとえ、他人のごまかしを暴くことに関して自分の勘は鋭いと信じている人でも、だ。この事実は、裏を返せば、ちょっとした精度の向上で微表情理論の理解と応用から得られるものは格段に大きくなることを意味する。微表情は小さなものかもしれないが、それでもデータポイントであることに変わりはない。

嘘つきの仮面をはがすというと、闘争的で陰険なテクニックを用いるように聞こえそうだが、エクマンはその点について慎重に指摘している。彼の言う「嘘」や「ごまかし」は本心を隠すことであって、必ずしも悪意を伴わない。

たしかに、人の心の秘密を暴く探偵ごっこは魅力的だが、微表情分析はむしろテレビドラマの『CSI：科学捜査班』の世界に近い。ただし現実はいつだってテレビドラマほどかっこよくはない。

それに、微表情分析のスキルを伸ばすのは、友人や同僚を「もう逃げられないぞ！」と追い詰めるためではなくて、あなた自身の共感力や感情的知性を強化し、身近な人びとに対する理解を深めるためなのだ。

微表情分析を利用してごまかしを見抜くのは無理だと思うだろうか。
その場合は、嘘の兆候を探したり、顔の表情を持続時間の長短で分類したりするより、その表情がもつ典型的な意味に注目するといい。そのうえで、文脈を考慮しながら、目の当たりにしている表情と「話されていること」とを照らし合わせると、結論にたどりつく。

緊張すると、人は唇を固く結んだり、口角を引きつらせたりする。唇や下顎《したあご》を震わせる、額にしわを寄せる、目を細める、唇をかむというのも、緊張感の表れだ。**いつもは沈着冷静な人が、あなたにはとうてい信じられないような話をしながら、突然この種の小さなサインをたくさん見せるとすれば、何かの理由で、その話をすることに神経質になっていると考えられる。**
緊張しているのは、その話が嘘だからか、それとも、話すのもはばかられるような内容だからか——文脈と突き合わせて判断できるのはあなただけだ。

嫌悪や意見の相違を感じている人は、ぎゅっと唇をすぼめたり、目をぎょろつかせたり、瞼をパチパチさせたり、鼻にしわを寄せたりするかもしれない。そうかと思えば、漫画の中の悪者がヒーローを睨みつけるように、少し目を細めたり、軽蔑の「薄ら笑い」を浮かべたりもする。

たとえば、あなたが誰かにクリスマスプレゼントを渡したところ、その人は包みを開けるなり、ここに挙げた表情のすべてを見せた。そういう場合、相手が口で何と言おうと、そのプレゼントが気に入らないのだ。

ストレスを感じている人は、平静を装っていても、ちょっとした方法でそのストレスを発散しようとして、ときおり内心をさらけ出す場合がある。コントロールの利かないほどの素早い瞬きを見せたり、ある種の動きを繰り返したりする。**たとえば頻繁に頬を引きつらせる、唇をかむ、指で顔を触るというのは、何らかのストレスフルな状況に直面している指標だ。**

その人が仕事の面接に臨んでいるとか、何かの犯罪に関する質問を受けているなら いざ知らず、何ごともなさそうな状況でその種の表情を呈するとしたら、要注意だ。

平静そうな見た目とは裏腹に何かが心の中で起きている証拠かもしれない。

顔の表情の非対称性にも注目しよう。自然で自発的で嘘偽りのない表情が左右対称になりやすいのに対して、無理やりつくり出した偽の表情や、感情と矛盾する表情は、そうなりにくい。そして、ここでもやはり、文脈と他のボディランゲージをあわせて総合的に解釈することが重要になる。

表情分析は、相手の「上っ面」ではなく、もっと深い部分を理解するための強力な方法だが、絶対確実ではないことを覚えておこう。あなたが観察することのひとつひとつは、単なるデータポイントであって、単独では何も証明できない。

このスキルは、できるだけ多くのデータを集め、ひとつ2つのサインではなく、目の前に現れる全体的なパターンを解釈するときにこそ生きてくる。したがって、微表情の知識も他の方法やツールの補助として使うのが一番の得策だ。

身体はおしゃべり

ボディランゲージは、相手の心を読みとり、理解するうえでおおいに役立つ言語のひとつだ。その強力さは表情分析に引けをとらない。顔も身体の一部なのだから当然だろう。では、なぜ人の姿勢や身体全体の動きの一部に注目するだけで、心の中身が手に取るように分かるのか？

元FBI捜査官のジョー・ナヴァロはこの分野の権威とされ、これまでの経験を講演活動に生かしている。そのナヴァロによれば、人は口を開かずとも大量の情報を発信している（彼が言う「非言語的コミュニケーション」をとっている）という。

キューバに生まれ、8歳でアメリカに移住してから英語を覚えたナヴァロは、人の身体は「その人の思考を宣伝する一種の掲示板である」ことにたちまち気づいた。そして仕事についてからは、人の「何気ないしぐさ」の意味を説いて回るようになった。それは、不快なとき、敵意を感じているとき、リラックスしているとき、恐れを抱いているとき、人が見せるふとした動きのことだ。

顔の表情と同じく、何気ないしぐさはごまかしや嘘をうかがわせる場合がある。とはいえ、たいていは、単なる不快さや、感情と表現の間の食い違いを伝えるものだと思っていい。**このボディランゲージの仕組みを理解していれば、新たなコミュニケーション経路が開かれる。そのうえ、自分自身の身体に意識を向け、うっかりおかしなメッセージを発信しないように気をつけることもできる。**

まず、理解すべきなのは、非言語的コミュニケーションがわたしたちにもともと備わっている生物学的な性質のものであり、進化の結果である、ということだ。あるものごとに対する感情的な反応は瞬時に起こる。そして、わたしたちの意志に関係なく反射的に生じる。重要なのは、その反応が身体の構えや動きとなって表れ、その結果、大量の非言語的なメッセージを発するということだ。

そうした自動的な反応を司っているのは、脳の中の辺縁系と呼ばれる、より原始的で感情的で、おそらく、より正直な領域だ。

一方、前頭前野（より知的で、抽象思考を担当する領域）は、自動的な身体的反応からは少し離れていて、より意識的なコントロール下に置かれている。そして嘘をつく能力をもつ領域でもある。

とはいえ、人が口で何を言おうと、身体は真相を語ってくれるものだ。相手の身振り手振り、身体の動きや構え、接触のパターン、さらには着衣に注目すると、その人の「ほんとうの」考えや感情がじかに伝わってくる。

コミュニケーションの大部分はそもそも非言語的なものなのだから、ボディランゲージに目を「向けずにいる」ことは、メッセージの大半を見落とすことを意味する――そうナヴァロは言う。

思えば、人間のコミュニケーションの始まりは非言語的なものだった。人類の歴史の最初期の、言語が未発達だった時代、人はおそらく身振り手振りや、単純な音や表情でコミュニケーションをとっていたはずだ。

今でも、わたしたちは生まれた瞬間から本能的に、寒さ、空腹、驚きを顔で表現するし、とくに教わらなくても相手の基本的な身振り手振りを読みとり、声の調子から意味を理解できるようになる。

それは、非言語的コミュニケーションが人間の最初のコミュニケーションだったからであり、そして、今も好まれているからだろう。

これまで当たり前だと思っていた非言語的コミュニケーションについて、改めて考えてみよう。

愛を伝えるとき、怒りを露わにするとき、あなたはどんな方法をとっているだろう。たとえ自覚はなくても、わたしたちは非言語的なチャンネルを使って大量の情報を処理している。その情報の読みとり方を知っていれば、相手が嘘をついていると き、ほんとうの感情や意図を隠しているとき、見抜けるようになるだろう。

危険に対する反応として「闘争－逃走反応」があることはよく知られているが、「凍結反応」はご存じだろうか？

しかも、この闘争－逃走－凍結反応はきわめて微妙なかたちをとる場合がある。そして、たとえそうは見えなくても、間違いなく不快感や恐怖を物語っている。

そもそも闘うか逃げるかという反応は、わたしたちの祖先が捕食動物や敵対する民族に出会い、生命の危険にさらされたときに獲得したものだ。だが、どうやらその本能は、わたしたち現代人を重役室や教室にまで追いかけてきているらしい。

やはり辺縁系がこれらの恐怖反応を司っている。人は難しい質問を突きつけられたり、追い詰められたりしたとき、突然、車のヘッドライトに照らされた鹿のように、身動きがとれなくなる場合がある。椅子に腰かけたまま身体が固まってしまうのだ（凍結反応）。

もうひとつの可能性は、脅威と感じられるものから身体を遠ざけることだ。膝の上に物を置いたり、手足を出口へ向けたりするかもしれない（逃走反応）。

そして3つ目は「闘争反応」だ。恐怖に対する、この攻撃的な反応は、自分から喧嘩を吹っかけるというかたちで表れるかもしれない。**言葉で「スパーリング」を仕掛**

けたり、威嚇的なジェスチャーを見せたりする。

じつのところ、非言語的なシグナルの読みとりが上手になるほど、それらのシグナルは根本的に「身体的」なものであること、そして、人間に共通する進化の歴史を物語っていることを実感するだろう。その昔、人間は特定の身振り手振りを使って文字どおり攻撃をかわしたり、明白な動きや表情で他者に攻撃を仕掛けていたりした。

一方、わたしたち現代人はきわめて抽象的な社会に生きている。わたしたちを脅かすのは、より言語的で概念的なものごとだ。だが、そうした脅威にさらされたときの表情、恐怖、攻撃性、好奇心といったものの仕組みは昔のまま残っている。昔と違うのは、おそらく、より微妙に表現されるようになったことくらいだ。

というわけで、「鎮静化行動」と呼ばれるものについて考えてみたい。ストレス、不安、脅威を感じている人を理解する手がかりになるかもしれない。

鎮静化行動とは、その名のとおり、何らかの脅威に直面したとき、自分を（無意識のうちに）落ち着かせようとしてとる行動だ。ストレスを感じたとき、辺縁系は、わたしたちを落ち着かせるために、ちょっとしたしぐさをするように仕向けてくる。**額を触る、首をさする、髪の毛をいじる、手を揉《も》むというのは、すべて、ストレスを和らげるための行動だ。**

首は身体の中の弱い部分でありながら、比較的、外部にさらされている。弱い部分はとかくねらわれやすいから、のどや首を急所のように感じるのは無理もない。だから、その弱い部分を無意識に隠したり撫でたりするのは、内面に抱えている葛藤や感情的苦痛、不安の表れだと理解できる。このしぐさは女性よりも男性に多く見られる。

男性はネクタイをいじったり、首の上部を圧迫したりするが、女性は頸切痕《けいせっこん》（首の根元の鎖骨の間にあるくぼみ）に指を当てたり、そわそわとネックレスを触ったりする。

相手のこうした振る舞いに目を向けると、その人が今まさに感じている恐怖や不安が明らかになる。あなたがちょっと攻撃的なことを言ったとしよう。すると相手は少しふんぞり返って、腕組みをし、片手を喉に当てた。そういう場合、あなたの発言が相手にある種の恐怖や不安を引き起こしたと考えられる。

同様に、額やこめかみをさすったり、触ったりするしぐさは、感情的な苦痛や苦悩を表す。指先で何かを軽くコツコツと叩くのは、一時的なストレスの表現かもしれないが、両手で頭を抱えたままでいるのは、極度の苦悩を意味する可能性がある。

抱える、撫でる、さするといった動きは、自分を落ち着かせようとしているサインだと思っていい。たとえば、緊張や驚きを感じると、人は頬を触る、唇をこすったり舐《な》めたりする、耳たぶを揉む、髪や髭《ひげ》をいじるといったしぐさを見せる。

だが、撫でたりさすったりするだけが鎮静化行動ではない。頬を膨らませてから息を盛大に吐き出すというのも、深刻なストレスを発散しようとするときのしぐさだ。悪い知らせを受けた人や間一髪で難を逃れた人に、よく見られる。

そして、意外なことに、あくびもストレス発散反応のひとつだ。退屈を表すというより、むしろ、ストレスを受けた身体がより多くの酸素をとり込もうとして見せる突然の反応なのだ。動物にもよく見られるだろう。

また、「脚の浄化」と呼ばれるストレス発散反応もある。脚の汚れを洗い流すかのような、ほこりをはらうかのようなしぐさのことだ。テーブルに隠れて見逃しやすいが、もし相手がこのしぐさをしていたら、ストレスを和らげようとしていると考えていい。

「換気」も気づきにくいしぐさのひとつかもしれない。暑さを和らげるようにシャツの襟を引っ張って首回りの通気をよくしたり、肩にかかった髪をはらったりするのがそうだ。不快感や緊張感の表れと考えられる。文字どおり、不快な環境のせいという場合もあるが、内面の緊張やストレスがそうさせている可能性が高い。

最も分かりやすい鎮静化行動は、ちょうど母親が子どもを落ち着かせるときに見せる行動によく似ている。身体を抱きしめて揺らしたり、寒気《さむけ》を和らげるために肩をさすったりするしぐさは、脅威や不安を感じたり、圧倒されたりしていることを表す。そうやって無意識のうちに自分の身体を守ろうとするのだ。

これはボディランゲージ理論のすべてに共通する重要な原理だが、手足の向きや身振り手振りは、身体を守ろうとする無意識の試みを表している可能性がある。**考えてみれば、胴体には生命維持に必要な器官がすべて収まっているのだから、辺縁系が脅威を感じたとき、反射的に胴体を守ろうとするのは当然だろう。たとえ、その脅威が感情的な性質のものであっても、同じ反応が起こる。**

相手の要請に応じたくない人や、その要請を攻撃や批判と感じている人は、「うせろ！」とでも言わんばかりに腕を組む。口論の間じゅう両腕を胸の前に掲げているのは、典型的な遮断のしぐさとされる。相手から言葉を投げつけられているように感じて、反射的に身体を守ろうとするのだ。

一方、両腕を力なく垂らしているのは、敗北感、失望、絶望の表れだ。「もうだめだ。どうすればいいのか分からない。諦《あきら》めた」という内面の感情を身体で物理的に表しているわけだ。

デスクを覆うように両腕を広げている人は、なわばりを主張する動物を連想させる。身体を大きく開くしぐさは、自信、自己主張、優越感を表す。両手を腰に当ててひじを張って立つ人は、胴体をさらけ出していることになる。つまり、その場を支配しているという自信や、少しも脅威や不安を感じていないことを強烈に示しているのだ。

自信や自己主張を表すしぐさには、世界じゅうの政治家やビジネスパーソンに人気の「とんがり屋根」がある。両手の指先を合わせ、とがった屋根の形をつくるポーズだ。交渉ごとによく見られる典型的なしぐさで、自信、落ち着き、自分の権力や地位への確信を表している。まるで両手を休ませ、静かに次の一手に思いを巡らせているかのように見える。

一方、手を揉んだりこすったりするしぐさは、落ち着きのなさや自分の能力への疑念を表す可能性が高い。それもやはり、緊張を和らげようとする鎮静化行動のひとつとされる。手は変化をもたらしたり、行動を起こしたりするためのツールだが、その手をそわそわ動かす、揉み合わせる、拳を固める、というのは、落ち着きや自信がないか、自信をもって行動できずにいるときのしぐさだ。

では、脚と足はどうか。机の下に隠れていることが多いとはいえ、脚と足もやはり強力な指標になる。

幸せなとき、人は軽快な「足取り」を見せる。だが「脚」をそわそわさせながら、他にも神経質な動きや鎮静化行動を見せるのは、過度の緊張とエネルギー、または、いらいらを表している可能性がある。さもなければ、コーヒーの飲みすぎかもしれない。**つま先を上に向けると、足が「微笑んでいる」と言われ、前向きで楽観的な気持ちを表す。**

生理学的に言って、脚と足は、当然ながら動きに関係している。せわしない脚は、文字どおりの意味か比喩的な意味かは別として、先に進みたいという無言の願望の表れかもしれないのだ！

また、足は、その人が無意識に行きたいと感じている方向に向けられるとされる。両方のつま先を会話の相手に向けるのは、「わたしはあなたと向き合っています。ちゃんと会話しています」というシグナルだが、足を出口に向けるのは、その場を離れたいという気持ちを表す場合がある。

他にも、動きたい、立ち去りたい、逃げ出したいという気持ちを表すしぐさには、膝を抱える、足の母指球（親指の付け根の足裏側にあるふくらみ）**に体重を乗せてかかとを上げ下げする、その場で軽く足踏みをする、などがある。**

いずれの場合も、「もうエンジンをかけた」のだから、あとは走り出すだけ、という無意識の感情を表している。未来の可能性に胸を躍らせていて、できるだけ早く行動を起こしたいという場合もあれば、現状に強い嫌悪感を抱いていて、文字どおり「逃げ出したい」という場合もあるだろう。判断するには、やはり文脈が重要なのだ！

脚と足はネガティブな感情を語る場合もある。腕組みと同じく、脚を交差させるのは、脅威や不快感を遮断して身体を守りたいという気持ちの表れかもしれない。**組んだ脚は、好意と信頼を寄せている人物の側に傾きやすく、そうでない人物からは遠ざけられる。**脚をバリアのように使って、相手を追い払ったり、歓迎したりしているわけだ。

女性は、相手に気があるとき、つま先に靴をひっかけてぶらぶらさせたり、また履いたりを繰り返しやすい。あまりにフロイト的な解釈は抜きにしても、脚や足を見せるのは、安心感や親密さを表している場合がある。一方、足を組み合わせるのは、ある状況や人物を「心から」嫌っているときの凍結反応のひとつと考えられる。

ここまでは顔、手足、胴体をとり上げたが、じつは、まだまだ触れていない部分がある。身体全体の向きや構え、相手との距離のとり方など、注目すべきポイントは山ほどあるのだ。次にあなたが初対面の人と会うときは、少し前のめりの姿勢で握手してみてほしい。さて、相手は全身でどんな動きをするだろう。

相手が「その場に踏みとどまって」動かないとすれば、現状にもあなたにも安心していて、くつろいでいることを意味する。一歩下がったり、身体と足を横に向けたりする人は、あなたとの距離が近すぎて安心できないのだろう。その逆に、一歩前に出る人は、あなたとの接触を喜んでいて、場合によっては、もっと近づきたいとすら感じているかもしれない。

一般原則はすこぶる明白だ。すなわち、快適なとき、幸せなとき、優越感に浸っているとき、身体は広がり、不幸せなとき、不安なとき、脅威を感じているとき、身体は縮こまる。好きなものには近づき、嫌いなものからは遠ざかる。

相手の側に傾いた身体は、同意、安堵、戯れ、気楽さ、関心を表す。同様に、腕組みをして、顔をそむけ、身体をのけぞらせ、脚を組んでバリアをつくるのは、好ましくないものから逃げ出したいとか、自分を守りたいという無意識の表れだ。

ときおり、公共交通機関の中で手足を大きく広げて座っている人を見かけるが、そういう人はリラックスして、安心して、自信たっぷりなのだろう（はた迷惑な行為だが）。その反対に、できるだけ縮こまって、なるべく場所をとらないようにしている人は、自信や確信がなさそうだ。

胸を突き出し、両手でファイティングポーズをとる人は、相手に「どうだ、俺様はでかいんだぞ！」と言っているようなものだ。一方、両肩を上げて亀のように首をすくめている人は、「わたしを傷つけないで！　ほらこんなに小さいんですから」と身体で訴えている。

人間は激しい言い争いの最中に自分の胸を叩くことがあるが、だからといってジャングルのゴリラには見えない。だが、注意深く観察していると、わたしたちのそんな原始的な行動にも、それなりに意味があることが見えてくる。

たとえば、先述の手足を広げて場所を占領するポーズは、すべて優越感、自己主張、権威と関係している。腰に手を当てる、背中の側でゆったり手を組む（まるで、威厳のある王や敵の攻撃をものともしない兵士のようだ）、両手を首の後ろに回して椅子の背にもたれるのは、安楽さと優越感を表す姿勢だ。

相手のボディランゲージに気づいたら、まず、その行動、しぐさ、姿勢が、収縮と

拡大のどちらに属すかを考えてみよう。

顔は開いているか閉じているか。手や腕は大きくゆったりと広がり、身体から離れているか、それとも、身体に引き寄せられて、固く締まっているか。顔の表情は力んでいるか緩んでいるか。顎は上向き（自信あり）か、下向きか（自信なし）か。

目に映るものをどう言葉で表現すればいいか分からないときは、ひたすら観察しよう。目の前の身体は安心したようにくつろいでいるだろうか。それとも、手足に力みや緊張、窮屈さが見られるだろうか。

ボディランゲージを読みとる技は、言われてみれば、むしろ直観的なものだ。じつのところ、わたしたちはみな、もともとボディランゲージに堪能なのだ。**言語にばかり向けている意識をしばらく緩めてみると、人と人の間につねに大量の非言語的な情報が流れていることに気づくだろう。**

それらの情報は、じつはひとつも隠されていない。わたしたちが、そちらのチャンネルからやってくるデータに注意を向けるよう教わっていないだけなのだ。

総合的に見る

さて、他人の心をなるべく正確に「読みとる」には、そして、相手が隠そうとしているかもしれない動機や意図や感情まで理解するには、ここまで述べてきたことのすべてをどう生かせばいいか。

何よりもまず覚えておくべきなのは、ごまかしを見破るのはあなたが思っているほど簡単ではないということだ。そして、すでに述べたとおり、「こんなサインが見られれば、決定的に嘘をついている」と言えるほど単純なものでもない。ちまたにボディランゲージ関連の情報があふれているにもかかわらず、素人も専門家もボディランゲージを読みとるのは恐ろしく苦手ときている。

だが、肝心なのは、あなたが何かを見てとってからの話だ。その観察内容の意味を判断するときにこそ、コツが必要になる。

誰かが腕組みをしているのは、嘘をついているからか、何かに不満だからか、それとも、単に寒いからか。ひとつ2つのサインだけでなく、さまざまな手がかりを総合したとき、行動の全体像は浮かび上がる。完璧に「嘘を見抜く」ことが難しいのは、何かをごまかしているときの身振り手振りや顔の表情が、ストレスや不快感に悩まされているときと違わないことがよくあるからだ。

だとすれば、ボディランゲージの読みとり方を学ぶ価値はあるのか？

もちろん、ある。

他者とのかかわり合いにボディランゲージという新たな切り口が加われば、人間関係が豊かになり、対人関係の軋轢《あつれき》や緊張を別の角度からとらえられるようになる。自分と他者の間で生じているものの意味を知ったとき、あなたは今よりもすぐれたコミュニケーターとして、相手の言葉ではなく本音に対して語りかけられるようになるだろう。

ボディランゲージというシグナルはつねに目の前にある。日常的に誰もが非言語的なメッセージを発している。しかも、そのメッセージはリアルタイムで見抜けるものであり、適切かつ総合的に解釈できるものでもある。専門家になる必要も完璧である必要もない。目の前にいる人に同じ人間として注意を向け、今までとは違う視点から、その人を見てみよう。ボディランゲージを読みとる能力を高めるには、次のポイントを押さえておくといいだろう。

ポイント❶

普段の振る舞いを知る。

会話の中でひとつや2つのしぐさが目立つからといって、特別な意味があるとは限らない。偶然かもしれないし、純粋に生理的な理由からかもしれない。だが、その人の「普段」の振る舞いを知っていれば、普段とは違う振る舞いが見られたとき、注意深く観察すべきかどうか判断できる。目をすがめる、口をとがらせる、脚をそわそわさせる、咳払いすることが、普段からの癖だとすれば、無視してもよさそうだ。

ポイント❷

不自然な／ちぐはぐな振る舞いに注意する。

他人の心を読むことは行動パターンを読むことだ。その人らしくない振る舞いには特別に注意を払おう。相手が突然、髪の毛をいじりだして目をそらしたのは、何かが起きているからかもしれない。普段はそういうしぐさをまったく見せない人なら、なおさら怪しい。それに、相手がごく親しい人であれば、その人が無意識に見せる「ふとしたしぐさ」の意味がつかめるようになるはずだ。たとえば、嘘をついているときは、いつも鼻をくしゃっとさせるとか、不安を隠して平静を装うときは、やたらと咳払いをするとか。

本心とは矛盾しているように見えるしぐさや動きには、とくに注意しよう。言語的コミュニケーションと非言語的コミュニケーションの食い違いに気づくと、単に非言語的コミュニケーションだけを観察しているより、多くのことが分かる。ここでもやはり文脈が重要になる。たとえば、両手を揉み合わせたり、こめかみをさすったり、大きなため息をついたりしているのに、口では「大丈夫だよ。全然問題ない」と言い張る人がいるとしよう。その人が悩みを隠していることは、しぐさそのものからではなく、しぐさと言葉との矛盾から伝わってくる。

ポイント③ データをたくさん集める。

すでに触れたとおり、ある種の収縮的な振る舞い（身を縮めること）は、単に寒さや疲れ、あるいは病気が原因かもしれないが、拡大的な振る舞い（手足を大きく広げること）は、暑くてたまらないから涼しくしようとしている場合もあれば、自信を表している場合もある。しぐさを単独で解釈してはならない理由はまさにそこにある。つねに他の手がかりとあわせて総合的に考えることが重要なのだ。

何かに気づいたら覚えておこう。ただし、結論を急がないでほしい。相手が同じ振る舞いを繰り返すかどうか注意しよう。あなたの観察内容を補強してくれる他のしぐさは見られないだろうか。もしかすると、まったく逆の解釈の裏づけとなる証拠が出てくるかもしれない。その振る舞いは、人や状況が異なっても繰り返されるだろうか。目の前で展開されていることの全体を見渡して、じっくり分析しよう。

ポイント④ ミラーリングに注目する。

しぐさのもつ意味は文脈や相手によって異なる場合がある。つまり、ある人が見せるしぐさの意味は、今、あなたと会話しているからこそ成り立つのかもしれない。よく知らない人のボディランゲージを手っ取り早く読みとるには、その人があなたのしぐさをミラーリングしているか、そうでないかに注目するといいだろう。ミラーリングは人間の根本的な本能のひとつだ。わたしたちは、自分の好きな人や意見を同じくする人の振る舞いや表情を真似る（鏡のように映し返す）傾向がある。一方、嫌いな人や否定的にとらえている人に対してはそうはしない。

たとえば、あなたが新しいクライアントとのミーティングに出席したとしよう。あなたは親しみやすい声でしゃべり、しきりに笑顔を見せたり、両手を広げて温かい態度を示したりする。ところが相手は冷淡で閉鎖的な態度で応じ、あなたの楽観主義を映し返してくれない。つまり、あなたの身振り手振りが相手に通じていないということだ。共感を得ていないという事実は、相手が鈍感か、敵意を抱いているか、脅威を感じているかを意味する。

ポイント⑤
エネルギーに注意を向ける。

これはふわっとした難解な考え方ではない。要は、集団の中で意図と努力と焦点がどこに集中しているか、つまり、エネルギーがどう流れているかに注目しよう、という話だ。集団の「リーダー」とは名ばかりの存在で、ほんとうの力は別のところにあるかもしれない。そうした力学が一目瞭然になるのは、たとえば部屋に赤ん坊がいて、周囲の注意や関心がその赤ん坊に集中しているときなどだ。

赤ん坊はたいしてしゃべらないし、ほとんど何もしないのに、一身に注目を集めてしまう。同様に、表向きは一家の「リーダー」とされる父親が、その認識を強固なものにすべく派手な身振り手振りに大声で話すとしよう。ところが、よく観察していると、いつも意見が通るのは彼の妻のほうだということが見えてくる。家族もみな、母親が口で何と言おうと、彼女のニーズを優先すべきだという事実をボディランゲージで示しているのだ。

最大の権力者は最も声が大きい人とは限らない。集団内の力関係はエネルギーの流れを観察すればよく分かる。一番よくしゃべるのは誰か。みんながいつも話しかけているのは誰か。そして、どのように話しかけているか。いつも舞台の「センター」に立つように見えるのは誰か。

ポイント❻

ボディランゲージはダイナミックである。

話すというのは、使う単語や文法だけの問題ではない。「どう話すか」も重要になる。多く話すか、少なく話すか。声の調子はどうか。ひとつひとつの文が長くて複雑か、それとも短くて簡潔か。疑問があるかのように仮定的な言い回しをするか、それとも、既知の事実であるかのように自信ありげに述べるか。話すスピードや声の大きさはどうか。明瞭な話し方か、ぼそぼそとつぶやくか。

言語的な情報にはさまざまな伝え方があるように、非言語的情報の伝え方も千差万別だ。身振り手振りは静的・固定的なものではなく、時間と空間を移動する、生きている表現なのだ。情報の流れをリアルタイムで観察しよう。環境やそこにいる人間に反応して、表現はどう変化し、どう動くだろう。目立たない身振り手振りを「見つけようとする」より、身振り手振りの流れの変化を観察しよう。

たとえば歩き方だ。歩き方は一種の姿勢だが、動きを伴う。脚を引きずるようにゆっくり歩くのは自信のなさを、弾むような素早い足取りは楽観性や興奮を表す。その人が会話の相手にどのように対応するか、あるいは、権力をもつ人に対してどんな話し方をするかにも注目しよう。そうやって観察していると、今までどれだけ多くの情報に気づかずにいたかに驚くだろう。

ポイント❼
文脈がすべて。

繰り返しになるが、身振り手振りは単独では解釈できない。非言語的コミュニケーションは、言語的コミュニケーションと同じように、他のすべての要素との関係性を考慮すべきものだ。

パターンを見つけよう。その人の行動が時間の経過とともに、また、状況や人によって、どう変わるかを知ろう。状況と環境を考慮しなければならない。汗をかきながら言葉につかえているのが、結婚の誓いや大事な面接の最中であれば無理もないが、誰かの引き出しの中を探っているのを見られて、何をしているかと問われたときだとすれば、少々怪しい。

誰もが唯一無二の個性をもっている。内向的な人もいれば外向的な人もいる。感情表現を好む人、知性を重んじる人。リスクや逆境に対する許容度が高い人、低い人。ストレスだらけの状況で成長する人、しおれる人。自由気ままな人、ゴールめざして突き進むまじめな人。進化の途上でわたしたちに備わった本能的な衝動は、隠したり、抵抗したりできるものではないが、それぞれの個性によって、その衝動は少しだけ異なるかたちで表れる。

たしかに、顔の表情やボディランゲージを読みとるスキルは、マスターするまでに時間と忍耐が必要だ。他人の心の奥にある動機を手っ取り早く理解できるコツはない。とはいえ、ここまで述べてきたさまざまな原則を頭に入れ、観察力を磨く努力を続けていれば、間違いなくコツをつかみ始めるだろう。そして、以前は見落としていたような行動の小さな波紋や揺らぎに気づき、それらの意味を理解できるようになる。

わたしたちは言葉中心の世界に生きているが、非言語的コミュニケーションを学び始めれば、大げさでも何でもなく、今までとはまったく異なる、ときにはきわめて奇妙な世界が開けるだろう。

人間の身体全体を読む

「コミュニケーションの90パーセントはじつは非言語的である」などという統計には誰もがしらけるのではないか。コミュニケーションというと、わたしたちは、ページ上に表現される言語やシンボル、雑音や音声や画像を思い浮かべるばかりで、その言語をつくり出している人間のことはついつい切り離して考えがちだ。

だが、現実には、言語と非言語、媒体とメッセージの間には、ぼんやりとした境界線があるにすぎない。

ここまでの考察から分かるとおり、人から「読みとれる」ものは、単に本人が意図的に発している内容にとどまらない。つまり、相手の言葉に耳を傾けるだけでなく、あたかも相手の身体そのものを読みとるかのように、「その人の全体」に耳を傾けることが重要なのだ。

ごまかしや本心をどう見抜くかという議論で、「人の内側にあるものはどうやっても外側に表れる」と想定したのは、わたしたちが本能的に人間を「全体」としてとらえ、言語も非言語も同じものの別の側面にすぎないと理解しているからだ。言語とそれを発する唇の間、あるいは、身体とそこから繰り出される動きの間に、明確な区別などあるだろうか。

少し抽象的な話に聞こえるかもしれないが、コミュニケーションが言語・非言語を含めた完全な表現として理解されることには、じつは興味深い科学的な裏づけがある。

あなたは、電話の向こう側の人物が笑顔かそうでないか瞬時に分かってしまった経験がないだろうか。コールセンターのスタッフは、電話越しでも「笑顔は伝わる」から気をつけるように指導を受ける。だが、なぜそんなことが起こるのか。

声は抽象的なシンボルではなく生身の人間の一部と考えれば、合点がいくだろう。

ラドバウド大学のドンデルス脳認知行動研究所のウィム・ポウは、2020年版『米国科学アカデミー紀要』に興味深い研究結果を発表した。彼がテーマにしたのは、身振り手振りや顔の表情はコミュニケーションの内容をよりよく理解する助けになるという、当然すぎるような考え方だった。ところが現実は違った。むしろ、身振り手振りは、ときにメッセージを理解するための土台にさえなると判明したのだ。

ある実験でポウは、6人の被験者に単純な音声(「アー」)を発しながら、同時に腕や手でさまざまなジェスチャーをするように指示した。続いて、録音したその音声を別の被験者30人に聞かせたところ、驚くことに被験者たちは、音声に伴う身体の動きを言い当てたばかりか、再現することさえできた。なんと、どのような動きか、どこで行われたか、どれほど素早い動きだったかを的中させたのだ!

ポウの理論はこうだ。人は、身振り手振りの違いによって生じる声の高さ、大きさ、速さの微妙だが重要な変化を無意識のうちに聞き分ける。身振り手振りには、声を含めた「全身」が関係している。したがって、声が聞こえれば、その人の身体のさまざまな部分のメッセージが聞こえてくることになる。

声は結合組織（声帯）を振動させることで生じるが、身体の他の部分を動かすと、声帯の筋緊張に変化が生じる。そのかすかな声の変化がわたしたちには聞こえるのだ。すばらしいことに、そのスキルはとくに訓練する必要がない。そういうスキルに気づいているだけでいい。あなたは電話越しにボディランゲージを読みとるなんて無理だと思うかもしれない。でも可能なのだ。声も相手の身体の一部なのだから！

声からだけでも、相手の振る舞いは信じられないくらいつぶさに伝わってくる。別の部屋にいる誰かの声、録音された声、電話越しの声を、目をつぶって聞いてみるといい。そして、相手の身体が何をしているか、その姿勢や身振り手振りが何を意味するかを想像してみよう。声を聞けば年齢や性別も分かるはずだ。それだけではない。アクセントや語彙に耳を傾ければ、民族性や出身地だって推測できる。

声の速さ、質、大きさ、高さ、コントロールの度合いに意識を向けよう。呼吸の様

子はどうか。言葉とその言葉の「発し方」は一致しているか、それとも矛盾しているか。

たとえば、誰かから電話がかかってきたとしよう。相手はわくわくしていると言うが、その割にゆっくりとだるそうな話し方をする。口調からして、たぶん身体を丸めて猫背になっているのだろう。わくわくしているというのはかなりの誇張のようだ――そんなふうに思えてくるはずだ。

メッセージを総合的に考える

個々の行為は、それぞれに何かを意味したり、暗示したりするかもしれないが、ここからは、人間の行動が他者に伝えようとしている全体的なメッセージに焦点を移そう。

たとえば、わたしたちが敵意を抱いて攻撃的になると、その態度と意図は、言葉にも行為にも、顔の表情や声にも表れるが、具体的にどんな表れ方をするかを考えるより、攻撃性そのものに注目し、その結果生じてくるさまざまな行動をひとつの塊として観察することにしよう。

攻撃性は当然ながら対決姿勢となって表れる。あるいは、ターゲットに「向けられた」活発で精力的な動きとも言える。侵略するかのように相手に接近する動きは、優越性、支配、攻撃の意図を示す。**言語的な面では侮辱的な言葉や野次となって表れ、身体的な面では、相手のすぐそばに立つ、自分のほうが強いことを全身で誇示するといったかたちで表れる。**攻撃性とは、ねらいを定めて不意に衝撃を与えようというジェスチャーにほかならない。ひとつの鋭い意図をもって全身を力ませるようなものだ。

一方、**自己主張型《アサーティブな》**のボディランゲージも同じように力強さをもつが、特定の誰かにねらいを定めたものというより、自分の立場を貫こうとするときに見られる。その人は断固としているが、他者を尊重しつつ、穏やかで、率直に堂々と自分の願望を表現する。**攻撃的なとき、人は怒鳴り声を上げがちだが、自己主張をするときは、声に強い確信を込めて自分の用件をシンプルに伝える。**

服従型のボディランゲージはそれらの対極にある。つまり、自分を「低く見せる」自己防衛的な振る舞いだ。**たとえば、やたらと微笑む、身動きしない、小さな声で話す、視線を落とす、弱そうな態度や脅威を与えない姿勢をとるなど、ちょっとした宥《ゆう》和《わ》的なジェスチャーが当てはまる。**

ただし、純粋な率直さや受容性を示すボディランゲージはまた別にある。**リラックスして友好的なとき、人はある種の緩さを見せる。**腕や脚を組まずにゆったりしている。顔には無防備な表情を浮かべ、気楽な話し方をする。上着を緩めたり脱いだりして、ざっくばらんさを示したりもする。

ロマンチックなボディランゲージもそれと少し似ているが、性的な関心を伴う点が異なる。したがって、率直さや受容性だけでなく、親密さを強調するような振る舞いが見られる。**その人の関心は官能性**（相手や自分に触れる、身繕いをする、撫でる、ゆっくり動く、温かく微笑むなど）**とつながり**（長い間見つめる、質問する、同意する、相手の言動を真似るなど）**に向けられているからだ。**距離を縮めようという圧倒的な意図が感じられるだろう。

ごまかしのボディランゲージは緊張感を特徴とする。ごまかしは2つの対立する事柄が存在することを意味する。たとえば、感じていることと言っていることが矛盾している場合がそうだ。**食い違いは緊張を生み、不安、閉鎖的なボディランゲージ、注意散漫（知られたくないデータを処理するのに忙しいのだ！）となって表れる。**あなたのそばには、自分をコントロールするのに必死で、不安そうにしている人はいないだろうか。

コミュニケーション全体の意図は何かを意識すると、身体を総合的にとらえられるようになる。たったひとつの身振り手振りや表情から推測するのではなく、複数のデータポイントを素早く集めて、全体的な行動パターンを見つけやすくなるはずだ。相手の身体全体を観察しよう。手足、顔の表情、声、姿勢、胴体、着衣、髪、指、文字どおり頭のてっぺんからつま先まで。

すると、閉鎖性や防御性を感じさせる全体像が浮かんでくるかもしれない。相手は力や優位性を誇示したいのかもしれないし、自信があるだけなのかもしれない。信頼に足る人間だとアピールしたいのか、それとも、ほんとうに価値のあるものを売り込もうとしているのか（セールスマンのボディランゲージ）、率直さと敬意を込めて挨拶しているだけなのか。

「全身」から読みとれる総合的な意味は次のとおり。

- 交差する、閉じる、遮断する：警戒心、疑念、内気
- 広げる、開く、緩める：親しみ、安心感、信頼、くつろぎ
- 前傾姿勢の、ねらいを定めた、直接的な：優越感、コントロール、説得力
- 身繕いする、触れる、撫でる：ロマンチックな意図
- 衝撃的、突然、強引、騒々しい：エネルギー、暴力
- 反復、同意、ミラーリング：尊敬、親しみ、称賛、従順

　また、振る舞いやコミュニケーション全体が、広い意味で「持つことや抑えること(holding)」を表現している場合がある。そこには、固執する、我慢する、維持する、抑える、つかみそこねる、きつく握るといった意味があるかもしれない。

　たとえば、力やコントロールへの固執を全身で表現しているような人に出会ったら、そこから解釈を始めよう。より小さなデータポイント――揉み手、固く結んだ唇、額のしわ、声を絞り出すような浅い呼吸、甲高い声、素早い瞬きなど――の意味を理解しやすくなるはずだ。

　その人は全身でひとつの明確で統一されたメッセージを発信している。つまり緊張というメッセージだ。重大な何かが進行していて、それを隠すのに苦労しているのかもしれない。**さらに文脈を手がかりにすれば、本人が認めたくない何かがあって嘘をついているのか、単に恥ずかしいからなのかが見えてくるはずだ。**

重要ポイント

● 本章では、ずばり「観察だけで人の心を読みとり、分析するにはどうすればいいか？」をテーマに、表情とボディランゲージという2つの主要な側面に注目してきた。ここで忘れてはならないのは、多くの特徴（生理学的起源も含めて）が科学的に証明されているとはいえ、それらの特徴だけで絶対確実に答えが出せるものではないということだ。考慮すべき外的な要因が多すぎて、決して断定はできない。とはいえ、注目すべき典型的な特徴は何か、そこから何を得られるかについて、理解を深めることはできる。

● 顔の表情には2つのタイプがあることを学んだ。微《マイクロ》表情とマクロ表情だ。マクロ表情は、微表情よりも大きく、持続時間が長く、分かりやすい。また、見せかけたり、つくり上げたりできるという特徴がある。一方、微表情は持続時間がきわめて短く、分かりにくく、無意識に表れる。心理学者ポール・エクマンは、6つの基本的な感情に対応する微表情を分類し、とくに、嘘、ごまかし、緊張を示す微表情を特定した。

●ボディランゲージにはさらに広い意味がある。一般的に、くつろいでいるときの身体は開かれ、スペースをとるが、不安なときの身体は縮こまり、目立たないようにして安心感を得ようとする。ボディランゲージを解釈する際の要点は多すぎて箇条書きにできないが、ひとつだけ挙げるなら、「まず相手の普段の状態を知ること」だ。

●要するに、身体はひとつの全体として読む必要がある。その人の振る舞い全体が伝えようとしている統一されたメッセージに注目しよう。声も身体の一部としてとらえれば、他のボディランゲージと同様に読むことが可能だ。つじつまが合わないサインや他のサインとの矛盾が見られたら、何かを隠そうとしているのかもしれない。もっと手がかりを探してみよう。ただし、たまたま目に留まったサインが何の意味ももたない場合もあるから、データはつねに十分に確保しよう。

第3章

パーソナリティの科学とタイプ論

人のあらゆるコミュニケーション、行動、発言が、その人の「すべて」を直接的に表すものだとすれば、パーソナリティもそこに含まれるはずだ。

パーソナリティとは、長期にわたって行動に繰り返し表れるパターンを意味する。ある時点の身振り手振りや声の調子には特定の意味があるとして、それと同じ身振り手振りや声の調子が確実かつ頻繁に繰り返されるなら、それは人格《ペルソナ》として定着し始める。

つまり、わたしたちが、ある人の「一般的な」行動の持続的長期的なパターンを少しでも知っていれば、その人が今まさに見せている「特定の」行動を理解するための文脈が増えることになる。心理学用語でパーソナリティとは、通常、その人独自の性格特性の特別な組み合わせと理解されている。つまり、複数の性格特性が境界のない連続的な範囲（スペクトラム）のどこに位置するかをとらえたものだ。

ほとんどのパーソナリティ理論は、基本的な軸に沿って性格特性の違いを表している。したがって、こうしたパーソナリティ理論の基本を押さえていれば、人の行動に対する洞察が深まり、さらにはその行動を先回りしたり、回避したりできるようになる。

パーソナリティ検査

パーソナリティとアイデンティティの分析に関する議論は、「ビッグファイブ」と呼ばれる性格特性の5因子モデルや、マイヤーズ－ブリッグス・タイプ指標（MBTI）とそれに関連するカーシーの気質分類抜きでは完結しない。これらのパーソナリティ検査は、もし正確であれば、人の個性を直接的に理解する方法になる。

誰かの心を読んで分析したいと思っても、その人のパーソナリティ検査結果のような情報はめったに手に入らない。だが、やはり、人を分析するためのいくつかの尺度を知っておくことに価値はある。それらの尺度を知っていれば、他人の性格特性を見きわめやすくなるし、そこから生じる動機や価値観を理解できるようにもなる。

おそらく、あなたも人生のどこかの時点で、自分をもっとよく知ろうとしてパーソナリティ検査や職業適性検査、人間関係検査を受けたことがあるのではないか。人を分析しようというとき、こうした検査は、望んだような方向には行かないものだ。パーソナリティ検査は、観察内容や振る舞いをもとに誰かを分析しようという目的にそぐわないことが多い。

ただし、具体的にその人のどんな性格特性に注目すべきか、他の人たちとの差異は何かを考える材料をふんだんに提供してくれるのはたしかだ。

またおそらく、あなたもビッグファイブと呼ばれる性格特性の5因子モデルをもとに自分のパーソナリティを評価しようとしたことがあるだろう。先ほど少し触れたビッグファイブは、人間の精神を5つの大きな性格特性に分類する理論だ。

5つのシンプルな因子は、あなたが追い求めている複雑な疑問、つまり「何が自分を『自分』たらしめ、何が他人を『他人』たらしめているか」に対して答えを出してくれるかもしれない。

ビッグファイブ

この理論は心理学者D・W・フィスクによる1949年発表の研究に端を発する。それ以来、人気を博し、ノーマン（1967年）、スミス（1967年）、ゴールドバーグ（1981年）、マックレーとコスタ（1987年）などさまざまな研究者たちが論文を執筆してきた。

この理論は、個人の経験や動機にもとづいて人格全体を評価するのではなく、5つの性格特性、すなわち、**開放性**、**堅実性**、**外向性**、**協調性**、**神経症傾向**によってパーソナリティをとらえようとするものだ。

あなたも耳にしたことがあるかもしれないが、「内向的・外向的」という言葉は世間でよく使われている。では、ほんとうのところ何を意味するのか。

内向性と外向性は、ある性質の濃淡を境目のないスペクトラムでとらえたときの両端に当たる。個々の性格特性には両極端があり、自分では認めたくないかもしれないが、誰もが程度の違いこそあれ5つの特性を備えている。この理論によれば、個々の性格特性が両極端の途中のどこに位置するかによって、その人のパーソナリティは決まる。

特性❶　経験への開放性

最初の性格特性は開放性だ。**リスクを負うことや新しいものを試すことへの意欲を意味する。**

あなたは空を飛ぶ飛行機から飛び降りたいか？　地球の反対側へ移住して、未知の文化に浸ってみたいか？　どちらの問いにもきっぱり「イエス！」と答える人は経験への開放性が高い。その人は未知のものを知ろうとする人だ。

極端に開放性が高い人は、好奇心旺盛で想像力が豊かであることを特徴とする。新しい冒険や経験を求めてやまない。退屈しやすいため、自分の創造性を頼りに新たな興味関心の対象を探求したり、向こう見ずな行動に出たりする。柔軟性があり、変化に富んだ日常生活を求める。お決まりの日課は選択肢にない。

かたや、スペクトラムのもう一方の端にいる開放性の低い人は、ものごとが変化せず、安定的に持続することを好む。実際的で感覚的、同世代に比べて保守的な傾向をもつ。変化を友としないのだ。

現実的には、たいていの人がこれらの両極端の途中に位置している。とはいえ、スペクトラム上の自分の位置を知れば、自分や相手がどんな人間で、何にすぐれているかを把握できる。

自分の得意な分野が分かっていれば、どこかのCEOやその道の権威をめざすことだって可能だ。実際、開放性はリーダーシップとの関連性が強い。研究の結果、発想が豊かで、既存の枠にとらわれず、新しい状況への適応能力が高い人は、リーダーとして成功する確率が高いことが分かっている（レボウィッツ、2016年）。

アップルの共同創業者スティーヴ・ジョブズは、大学時代の1973年、専攻科目ではないカリグラフィー（文字を美しく見せる西欧の技法）を受講することに決めた。

そのときの決断がなかったら、後年、Ｍａｃの画期的な書体は生まれなかっただろう。当時、パソコンと美しいフォントを結びつけて考える者はどこにもいなかった。だが、ジョブズには誰にも見えない風景が見えていた。カリグラフィーを愛し、人びとのパソコンに対する考えを変えようとしたジョブズの感性は、未来のビジョンに対して開かれていた。

特性❷　堅実性

慎重さと注意深さを特徴とする性格特性だ。自分の行動に対して用心深く、二度三度と考え直してから決断することも多い。それが当初の計画に含まれていないことであれば、なおさら慎重になる。

堅実性の高い人は、目標に対する集中力がきわめて高い。きっちりと計画を立て、目の前の細かいタスクに専念し、スケジュールを守ることにこだわる。衝動、感情、振る舞いを制御するのが上手で、より多くのエネルギーを職業的な成功に向けることができる。他の同年代の人ほど冒険的な生き方をしないかもしれないが、健康的な習慣も手伝って、長生きしやすい。

このスペクトラムのもう一方の端にいる堅実性の低い人は、より衝動的で無秩序な傾向をもつ。制約が多いとやる気が出ず、重要な仕事を先送りにする。また自分の行動をコントロールするのが苦手でもある。そのため、喫煙や薬物乱用などの自己破壊的な習慣に陥りがちで、ものごと全般の遂行能力の低下を招きやすい。このタイプの人にとって衝動のコントロールは至難の業だ。

ではあなたの堅実性はどうだろう。仕事はスケジュールどおりにこなすが、家に帰ると、エクササイズをサボりがちとか？

人によっては、やることリストやスケジュールのような堅実性の一部は受け入れるが、運動やその他の健康習慣はそうでない場合がある。たいていの人間は堅実性スペクトラムの途中のどこかに位置するものだ。だが、計画性や几帳面さをちょっとばかり改善すれば、成功への道が開けてくるかもしれない。

堅実性が高いほど、訓練の成果がよく（ウッズ、パターソン、コッズワラ、ソファット、2016年）、効果的に業務をこなし（バリック&マウント、1991年）、仕事への満足度が高く、名のある高収入のキャリアにつく（ジャッジ、ヒギンズ、トールセン、バリック、1999年）ことが分かっている。ソルツとヴァイラントの研究（1999年）によれば、堅実性の高い人は避けようのない人生の試練にも適応しやすい。

堅実性は問題の発生を予防する薬のようなものなのだ。

特性❸ 外向性

これは社交性を表す性格特性だ。外向的な人は見ればすぐに分かる。パーティーを盛り上げるのが得意でエネルギッシュ。話がうまい。人といっしょにいることが元気の源であり、注目を浴びていると調子がいい。だから交友範囲が広く、出会いのチャンスを逃さない。

そんな外向的な人がそばにいると疲れてしまうのが、スペクトラムの反対の端にいる内向的な人だ。大勢の人間とおしゃべりしている暇があるなら、家で考えごとをしていたい。ただし内向性とは内気さではない。人付き合いよりも孤独を、混沌より平穏を好むだけだ。

あなたは、会社のパーティーがエンドレスに続けばいいと思うタイプか、それとも、1時間でぐったりしてしまうタイプか。新しい人との出会いを楽しむか、それとも、良書を片手に家でのんびりしたいか。朝に強いタイプか、それとも、日が暮れてから張り切るタイプか。

社交的な集まりにはたいてい最後の最後まで残るくらい人付き合いが楽しくて、深夜の時間帯に盛り上がるとすれば、あなたは外向性が高い。

一方、パーティーに行くなんて考えるだけで嫌だ、1人で家にいたい、明日も早起きして、すっきり一日をスタートさせたいとすれば、おそらく内向性が高い。

その日によって、どちらかに傾きやすいかもしれないが、概して、人間はこの2つの間のどこかに位置する。

特性④　協調性

これは他者に対してどれくらい親切で共感的か、温かくて協力的かを示す性格特性だ。

あなたは他人やその人が抱えている問題に強い関心を寄せるタイプだろうか。困っている人を見ると、自分もつらくなってくるとか？　他者への共感力や思いやりが強く、力になりたいという気持ちに突き動かされる人は、協調性がかなり高い。相手の苦しみを感じとり、何かせずにはいられなくなるのだ。

スペクトラムのもう一方の端にいる協調性の低い人は、他人の人生にはあまり興味がない。問題が発生したとき、誰かと協力しながら解決に努めるより、独力で何とかしようとする。協調性の低さは、自分のやりたいことをやるという意志の強さとは違う。むしろ、攻撃的にとらえられたり、いっしょにいるのを嫌がられたりする場合が多い。

どれくらいまで他者のために動けるか、どれくらいまで他者と協力できるかという意欲の度合いは、人によってさまざまだ。その限度が協調性スペクトラム上のその人の位置に当たる。

人間が協調性を発揮する理由については、いまだに議論が続いている。他者の幸福を純粋に思いやって協調性を示す人もいれば、社会的なプレッシャーや一般的な規範に動かされる人もいる。結果への恐れが動機になる場合もあるだろう。そういう人は社会的な対決を恐れているからだ。

いずれにしても、協調性の高い人に、冷酷さ、非情さ、身勝手さはめったに見られない。そのことは研究で明らかになっている（ロッカ、サギヴ、シュワーツ、ナフォー、2002年）。あなたが今よりも少しでも幸せになりたければ、まず、自分の協調性がどの程度か考えてみるといいかもしれない。

特性❺ 神経症傾向

人生には何もかも信じられなくなる日がある。同僚たちが自分を蹴落としにかかっているように思えて、不安で夜も眠れない。まるでウディ・アレンの映画の中にいるような気がしてくる。だが、そういう日が何度も重なって、気分が上がるより下がることのほうが多いとすれば、ビッグファイブの最後に当たる「神経症傾向」が強い人かもしれない。**基本的に、この性格特性は情緒面の安定の度合いを示している。**その人が心の安定とバランスを保ちやすいか、それとも不安で落ち着かず、取り乱しがちかを表す。

神経症傾向が強い人は人生に不安を抱きやすい。人一倍の心配性で、ちょっとしたことで気分が変わる。そのためストレスを感じやすく、うつ状態に陥ることさえある。

反対に、神経症傾向が弱い人は情緒的に安定している。ストレスにも対処しやすい。発作的に悲しみに襲われるようなことはほとんどないし、何が起きてもストレスを感じること自体が少ない。

問題に直面したとき、あなたはユーモアで対処するだろうか、それともストレスを感じるだろうか。一日じゅう冷静でいられるタイプか、それとも、一瞬でカッとなったり、冷めたりするタイプか。

ものごとを淡々とこなし、一日をとおして気分がずっと安定しているとしたら、あなたはおそらく他の人よりも神経症傾向が弱い。一方、短時間に気分がころころ変わり、不安でいることが多いとすれば、神経症傾向が強いと言える。

ただし、神経症傾向が強くても、悲観することばかりではない。健康が心配でしかたがないから、その人は毎日欠かさずビタミン剤を飲むし、定期的に健康診断を受けに行く。さまざまな面で、不安がその人に先手を打たせているかもしれないのだ。

さて、こうしてあなたは、最低でもパーソナリティの主要部分が分かる5つの尺度を手に入れた。これらの尺度は他人を分析する際にも役立つ。

たとえば、あなたは新しいビジネスパートナーについて、横柄でいっしょに仕事をしにくい人物という前評判を聞かされていたとしよう。本人と会話してみると、たしかにちょっと冷淡でぶっきらぼうな感じがする。社会常識がないのかもしれない。だが1カ月ほどいっしょに仕事をするうちに、どうやらパーソナリティの問題らしいと分かってきた。**つまりそれは、相手や文脈に関係なく、どんなときでも見られる、その人特有の行動パターンなのだ。**

そのことを念頭に置きながら次のミーティングに臨んだあなたは、少し挑戦的な考えを提案してみる。すると、ビジネスパートナーはすぐに反発するような、納得がいかないような態度を見せた。腕組みして顔をしかめている。

あなた以外の人なら、そのボディランゲージを明らかな拒絶と受け取ったかもしれない。だが、パーソナリティという判断基準をもつあなたは、「ああ、いつもどおりだな」と理解できる。あなたがめげずに自分の考えを主張し続けていると、案の定、最初は険しい表情で聞く耳をもたないように見えた相手が、結局、あなたの考えに大賛成してくれた。

こんなふうに、パーソナリティは、もうひとつの（強力な）データポイントとして、目の前にある情報の解釈と理解を助けてくれることがある。そして同じくパーソナリティの分析ツールとして役立つのが、マイヤーズ＝ブリッグス・タイプ指標（ＭＢＴＩ）とそこから派生したカーシーの気質分類だ。

ユングとＭＢＴＩ

ＭＢＴＩは性格タイプを知る方法として最も人気を集めている検査のひとつだ。もちろん、「他人」の性格タイプを知るためにも、ＭＢＴＩとは何かを理解しておくべきだろう。

この検査は４組の非常に明確な「二項対立関係」にある性質をもとにしている。それらの相反する性質は、ビッグファイブと同様に、性格特性としてとらえることができる。ＭＢＴＩは現代のホロスコープの純粋な機能にもたとえられてきた。もちろん、どんな検査にも絶対確実はないが、だからといって、人の性格やアイデンティティを理解するためのヒントが得られないわけではない。ここでは筆者なりにＭＢＴＩを解説する。

ＭＢＴＩは第二次世界大戦頃に開発が着手された。開発者のイザベル・ブリッグス・マイヤーズと母のキャサリン・クック・ブリッグスはともに主婦だったが、多くの人がやみくもに仕事を選んでいる様子を見るにつけ、彼らが必ずしもスキルに合った職についていないことが気になっていた。

そこで2人は、自分たちの観察結果と心理学者カール・ユングの理論を組み合わせ、ＭＢＴＩの開発に取り組んだ。ユングは多くの理論を残しているが、外向型・内向型という2つの基本的態度と、思考・感情・感覚・直観という4つの心的機能のタイプで人間のパーソナリティを分類した。

このユングの理論をもとに、生まれつきのパーソナリティ・タイプに合った職業選択を促すという意図で開発されたのがＭＢＴＩだ。先述のとおり、この検査は4指標の対立軸で構成される（訳注：各項目は日本ＭＢＴＩ協会より引用）。

- **興味関心の方向：外向型（E）と内向型（I）**
- **ものの見方：感覚型（S）と直観型（N）**
- **判断のしかた：思考型（T）と感情型（F）**
- **外界への接し方：判断型（J）と知覚型（P）**

この4つの対立軸に沿って自分自身を評価すると特定のパターンが浮かび上がってきて、自分のパーソナリティ・タイプが分かるという仕組みだ。

第1の対立軸**「外向型と内向型」**は、その人のエネルギーの源泉と表現の方向性を表す。ただし、ビッグファイブの「外向性」とは少し定義が異なるので注意が必要だ。

外向型の場合、エネルギーはおもに外界で表現される。また、他者とともに過ごすことでエネルギーが充電される。一方、内向型のおもなエネルギー源は内面にある。自分だけの時間をもつことを理想とし、それが最も望ましいエネルギー源であり、エネルギーの表現の場でもある。

外向型はより行動的であり、内向型はより思考的だ。たとえば、外向型の学生はグループディスカッションやプレゼンテーションに積極的に参加する。他の学生との交流が充実感を与えてくれるのだ。内向型の学生はプロジェクトに1人で取り組もうとし、クラス全体の議論に居心地の悪さを感じる。自分1人で考えたり、課題に取り組んだりするのを好む。

第2の対立軸**「感覚型と直観型」**は、その人が情報をどのように受け止めるかを表す。

感覚型は外界から直接的に受け取る情報、すなわち、五感（視覚、嗅覚、触覚、味覚、聴覚）を通じてやってくる情報を信じる。したがって、より直接的で経験にもとづく方法で決断を下す。

直観型は外的な証拠よりも内的な情報（直観）を信じ、五感よりも「勘」を頼りにする。ものごとの細かい部分をもう少し掘り下げ、パターンを見つけようとする。したがって、決断を下すまでに少し時間がかかる。

感覚型が、より具体的で実体のある情報を信じるのに対して、直観型はデータから得られる根本的な理論や原理に注目する。警官はつねに測定可能な証拠とデータをもとに容疑者を逮捕する。一方、弁護士の場合は、証拠とは別の何かがあると直観し、依頼人の弁護に役立てようとするだろう。

第3の対立軸「**思考型と感情型**」は情報の処理のしかたに関係する。思考型はおもに論理的思考を経て決断を下す。また、ものごとを具体的に考え、ルールを頼りに意思決定する。

一方、感情型は気持ちにもとづいて決定を下す。最善の選択をするために、自分が大切に感じるものを頼りにする。したがって、感情型には思考型が冷淡で薄情に見えるかもしれない。

思考型は、健全な決断を下すために、考えうる現実的な理由をすべて検討する。基本的にものごとを頭で決めるのだ。それに対して、感情型はものごとをハートで決める。たとえば、家を購入するとき、価格と再販価値を考えて契約書にサインするか(思考型)、それとも、なじみのある地域に住み続けたくて購入を決断するか(感情型)に分かれる。

第4の対立軸**「判断型と知覚型」**は、処理した情報をどのように実行に移すかを表す。

判断型はものごとを計画どおりに進めることを好み、その段取りを後の計画にもルールとして適用しようとする。秩序と構造を重んじるため、自分をコントロールできるかどうかは、環境をコントロールできるかどうかにかかっている。通常は、過去の経験をきっかけに特定の行動を続けたり、回避したりする。また、ものごとが解決し完結することを好む。

即興やオプションの模索は知覚型の性質だ。このタイプは選択肢があることを好み、組織だったやり方は自分の可能性を狭めるものと見なす。必要なときに必要な選択をし、問題解決の方法や戦略を模索したいと感じる。今を大切にし、過去の経験がどうであれ、選択肢はたくさんあると理解している。

以上の4指標の二項対立の性質のどちらの傾向がより強いかによって、パーソナリティ・タイプが出来上がる。

たとえば、ESFJは、外向型、感覚型、感情型、判断型の組み合わせだ。このタイプは、テレビのホームコメディに出てくる噂話の好きな登場人物を連想させる。人生のゴールは、結婚して子どもをもち、近所のママ友とおしゃべりに興じることだったりする。もちろん、このようなあまりにも画一的な分類は有害だが、4つのシンプルなアルファベットを頼りに人を観察していると、相手の心の謎を解く鍵が得られるかもしれない（訳注：ユングのタイプ論をベースに4指標の二項対立から始めてさらに仔細な過程を経て結論づけるＭＢＴＩと、マイヤーズ－ブリッグス親子の対立軸を用いつつ、ユングの理論ではなくビッグファイブをベースにしたテストを受けることで４つのアルファベットで明確にタイプを表す16Personalities は別物）。

ただし、ＭＢＴＩのアルファベットを見る際の最大の注意点は、二極化した結果に注目しすぎてしまうことにある。性格特性は通常、極端に片方に偏るものではないが、その事実を忘れてしまうのだ。人はスペクトラムの一方の端にいるわけではない。スペクトラムのどちらか一方に人を位置づけ中間は考えない、という見方では、自分のことも人のことも見誤ることになる。むしろ、人びとの大部分は中間に位置するのだ。たとえば、あなたが45パーセント外向型で、55パーセント内向型だとしても、４つのアルファベットだけにとらわれれば微妙さを考慮せずに「内向型」という答えを出してしまう。

もうひとつの注意点は、わたしたち人間が生涯を通じて変化を続けるという事実にもとづく。米国マーシャル大学のデヴィッド・ピッテンジャー教授は、短期間のうちにMBTIを再度実施すると、50パーセントもの人が前回とは異なるタイプに分類されることを発見した。やはり、時とともに人は変わるのだ。MBTIの結果は、数日から数週間という短い間隔で、そのときの気分や外的・内的環境の影響によって変化しうる。こうした変化は、現実のパーソナリティ・タイプについて何も語ってはくれない。

では、この理論を日常的な出会いにどう生かせばいいのだろう？

残念ながら、他人のMBTIタイプを当てるのはまったくもって容易ではない（自由奔放に推測している人がなんと多いことだろう！）。まさか、出会った人に目の前でMBTIをやってもらうわけにもいくまい。

だからわたしたちが個人的に参考にしようとするなら、この理論の大筋を踏まえたうえで、その場の文脈に合わせて大まかに相手を理解しようとすることが重要だ。

さっそく、次の出会いで試してみてはどうだろう。

まず、外向型か内向型か（その中間か）を考えてみよう。相手のボディランゲージ、振る舞い、文脈から得られるあらゆる情報をチェックしよう。

次に感覚型か直観型かを判断する。**その人はスキンシップを大切にし、現実的で直接的だろうか。そうだとすれば感覚型かもしれない。**一方、「大局的な」考え方をして、あなたがどんなにシンプルな質問を投げかけても、「なるほど、それは複雑ですね」などと返してくるとすれば、直観型かもしれない。

思考型か感情型かを判断するには、その人の言葉づかい、話の内容、焦点に注意しよう。事実、考え、抽象的な計画について話しているのか、それとも、人や人間関係について話しているのか。

判断型と知覚型を見分けるには、人生に対する全般的な姿勢に注目するといい。自由気ままで、何ごとにも縛られていないように見えるか、それとも、つねにものごとを決断し、何かの計画をすでにもっていたり、計画を立てようとしていたりするか。

こうした側面のひとつ2つに注目するだけでも、パーソナリティの範囲を絞り込むことができる。ここでもやはり偏見や思い込みには注意しよう（**たとえば、相手はまっ

たく感情型ではないのに、単にリラックスした雰囲気のせいで、あなたに熱を上げているように見えるかもしれない！）。

自分の推測が正しいかどうかは、コミュニケーションスタイルを調整し、反応を観察するうちに判明するだろう。

たとえば、会話をするうちに、相手が魅力的な新しいアイデアにはよく反応するのに、個人的な心温まるエピソードには退屈そうにするなら、その人は思考型かもしれない。話の行き先を特定の結論にもっていこうとする人は、知覚型よりも判断型のようだ。やはり、文脈次第なのだ。

それに、環境が変われば、別の性格特性が表面化することもある。あなたの配偶者は、職場で誰かと話すときより、あなたと結婚生活について話すときのほうが、ほぼ間違いなく感情優先のコミュニケーションをとるだろう。思考型か感情型かはとくに関係ない。

カーシーの気質分類

MBTIを理解する助けとなるものに、デヴィッド・カーシーの4つの気質分類がある。マイヤーズ－ブリッグス親子のタイプ分類をもとに、16のパーソナリティを4つの一般的な気質に分類したものだ。

さらに、それぞれの気質は、人が本能的かつ自然に果たす役割ごとに4つのタイプに分かれているが、ここではその一部を紹介する。

気質❶ 守護者

感覚型（S）と判断型（J）がこの気質に該当する。このタイプは帰属意識をもち、社会のために貢献する。また、自分の能力に自信をもっている。

具体的で理路整然としているのも特徴のひとつだ。安定と帰属感を求める一方で、責任や義務にも関心をもつ。管理能力を強みとし、ものごとの段取りをつけ、促進し、支援し、確認することにすぐれる。

守護者気質の役割は管理者（ESTJ）、検査官（ISTJ）、保全者（ISFJ）、供給者（ESFJ）に分かれる。

たとえば管理者は指示的な（目標志向の）先取り型の守護者であり、ものごとを制御する際に最も力を発揮する。保全者は表現的な（感情や思考を表現することを好む）反応型の守護者気質であり、その知性が最も生きるのはサポートに回るときだ。

気質❷　職人

感覚型（S）と知覚型（P）がこの気質に該当する。このタイプは自由であり、行動的でイベントの多い人生を好む。

適応能力がずば抜けて高く、つねに刺激と芸術性を求めている。大々的な影響を与えることに関心をもち、駆け引きのうまさを最大の強みとする。問題解決能力と機敏性にきわめてすぐれ、道具、器具、機材を巧みに使いこなす。

職人気質の役割は作曲家（ＩＳＦＰ）、パフォーマー（ＥＳＦＰ）、クラフター（ＩＳＴＰ）、プロモーター（ＥＳＴＰ）に分かれる。

たとえば作曲家は指示的で先取り型の職人気質であり、ものごとを迅速に進める能力に長けている。一方、パフォーマーは情報を伝える反応型の職人気質だ。即興が得意で、細部にまで注意を払う。クラフターは気配り上手、プロモーターは表現的だ。

カーシーによれば、全人口のおよそ80パーセントが守護者か職人に分類されるという。

気質❸　理想主義者

直観型（Ｎ）と感情型（Ｆ）がこの気質に該当する。このタイプは、自分を含めた誰もがその人らしく生きられるよう手助けすることに人生の意味を見出す。ユニークさと個性に価値を置く。

理想主義者は観念的であり、他者を思いやることができる。ほとんどすべてのことに意味を見出そうとする。自身の個人的な成長と真のアイデンティティの発見に関心をもつ。外交力に優れ、明確化し、統合し、個性化し、他者を鼓舞することを得意とする。

理想主義者気質の役割はチャンピオン（ENFP）、ヒーラー（INFP）、カウンセラー（INFJ）、教師（ENFJ）に分かれる。

たとえばチャンピオンは情熱的で探求心に満ちた理想主義者気質であり、育てる能力にすぐれている。一方、ヒーラーは影響力をもった協調的な理想主義者気質であり、調停を得意とする。

気質❹ 合理主義者

直観型（N）と思考型（T）がこの気質に該当する。このタイプは知識欲が旺盛で、能力が高い。通常、自分自身に満足している。

客観的であり抽象思考を得意とする。その道を究《きわ》めようとし、自制心を発揮する。通常、専門分野の知識や能力を磨くことに関心を寄せる。戦略が最大の強みであり、論理的に調査し、設計し、概念化し、理論化し、調整する能力にすぐれる。

合理主義者気質の役割は発明者（ENTP）、建築家（INTP）、指導者（INTJ）、元帥（ENTJ）に分かれる。

たとえば発明者は想像力豊かで先取り型の合理主義者気質で、ものごとのお膳立てを得意とする。一方、建築家は自律型でマクロ視点をもつ合理主義者気質だ。

以上のカーシーの気質分類は、MBTIの性格分析をよりイメージしやすくするという利点をもつ。MBTIは個々の特性に目がいきがちだが、カーシーの気質分類は特性同士の関係性を見ながら検査結果を評価するのに役立つ。

ただし、MBTIと同様、人間はたったひとつの気質で説明できるものではない。誰もがすべての気質を多かれ少なかれ備えている。したがって、どれかひとつに分類することはきわめて困難なのだ。

タイプに加えて気質を知ることで、人は自分がどのような人間か、自分を変えるには何ができるかをよりよく理解できるようになる。パーソナリティ・タイプはその人が広義としてどういうタイプかを表し、気質分類はより性格的なものに目を向けるからだ。気質も分かれば、人は自分自身を知り、よりよい方向へ変えていくこともできる。自己認識が高まり、必要に応じて、自己を適応させるようになる。

ＭＢＴＩであれ、カーシーの気質分類であれ、それがどういうものかを知っていれば、少なくとも他人を分析する際の出発点になるはずだ。これらを理解していれば、誰かと会話するとき、初期段階の暫定的な観察内容に応じて、コミュニケーションのとり方や質問の内容、話し方を変えることができる。**相手とのやりとりを現在進行形の実験として利用し、自分の仮説を繰り返し検証しながら、密かに情報を集めていくわけだ。**

冷淡なやり口に聞こえるだろうか。**だが、今言ったような方法で人の心を読みとる天才ほど、むしろ他人から興味や好感をもたれやすく、魅力と知性と共感力を備えた人と見なされやすいのだ。**

たとえば、あなたが会話の相手に理想主義者気質を感じたら、優しい人柄であるとか、世界をよりよくするために行動しているとか、その人が喜びそうな点を称賛してみるといい。

あるいは、会話の相手と意見が対立したとしよう。どうやらその人は職人気質のようだ。そこであなたは現実的な利点を挙げることで対立を解決しようとする。「論理」に訴えたり、相手の感情を逆なでしたり、慣例や権威をもち出すよりも効果的だからだ。

さて、パーソナリティ検査の最後に、カーシーの気質分類に似たエニアグラムをとり上げよう。

エニアグラム

エニアグラムは1960年代に自己実現の手段として開発された。その主眼は自己改善に置かれている。検査を受ける人は真正面から自分自身の欠点と向き合うことになるからだ。

エニアグラムがユニークなのは、人が「何」をするかではなく、「どのように」「なぜ」そうするかを特定しようとする点にある。

ここでは詳細部分には踏み込まず、エニアグラムで分かる性格タイプにざっと触れることにしよう。

あなたはどのタイプに当てはまるだろうか（訳注：各タイプの訳語は日本エニアグラム学会より引用）。

この検査は人の性格を9つのタイプでとらえる。それぞれの紹介文は筆者の解釈だ。

タイプ❶　改革する人

通常、つねに正しくあろうとし、高度な誠実さを備えている。また、批判的で独善的と見なされることもある。たとえば聖職者や医師のような人。

タイプ❷　人を助ける人

愛されたい、高く評価されたいと切望する。通常は非常に寛大だが、人を操ろうとする高慢な人物と見なされることもある。たとえば母親や教師のような人。

タイプ❸　達成する人

称賛と喝采を浴びることが好き。ワーカホリックであり、そのため自己愛的な見栄っ張りになりやすい。たとえば俳優や学生のような人。

タイプ④ 個性的な人

ユニークな存在でありたいという欲求から人生の意味を探し求める。創造性が豊かだが、気分屋で気難しい一面も見られる。たとえば音楽家や画家のような人。

タイプ⑤ 調べる人

知識と能力を身につけようと努力する。たいていは非常に客観的だが、手に入れた知識や能力を出し惜しみする傾向がある。たとえば研究者のような人。

タイプ⑥ 忠実な人

慎重に計画を立て、大切な人たちに対して誠実であろうとする。何ごとにも疑問を投げかけるため、疑り深く、被害妄想的になりやすい。たとえばサバイバリスト（訳注：大規模で社会的な緊急事態に備える人）や警官のような人。

タイプ❼　熱中する人

冒険好きで非常にエネルギッシュ。何ごとも楽しもうとする。そのため向こう見ずで好き勝手になりやすい。たとえばスリルを求める人や俳優のような人。

タイプ❽　挑戦する人

つねにものごとを支配し、権力をもとうとする。自己主張が強く、そのため攻撃的で極端な人物と見なされやすい。たとえば威圧的な親や軍人のような人。

タイプ❾　平和をもたらす人

安定感があり、もめごとを仲裁する。通常はおおらかで、何ごとも受け入れやすい。ただし、そうした無邪気さゆえに、ときとして周囲で起きているネガティブな出来事に気づきにくい。たとえばヒッピーや祖父母のような人。

人によっては、それぞれのタイプの性質を少しずつもち合わせていたり、一部の性質だけに偏っていたりするかもしれない。この検査を受けると、自己理解が深まり、ある状況でなぜ自分がそう行動するのかという理由が分かりやすくなる。自分の内面を掘り下げざるを得なくなるため、今まで無意識だったものの考え方に気づくようになるのだ。

ここまで紹介してきたいくつかのパーソナリティ検査は、人の心を読んで分析するための理論的な入り口だと思ってほしい。さまざまな尺度を理解したうえで人を観察し、その人が尺度のどこに当てはまりそうかを判断する、というのが一連の流れだ。

最終的にあなたは有益な情報を得るかもしれないが、その一方で、相手を間違ったカテゴリーに押し込もうとしたり、全体的に認識を誤ったりする場合もありうる。

これらの理論をできる限り有効に活用するには、あくまでも解釈モデルにすぎないということを覚えておく必要がある。モデルは複雑な現象を過度に単純化したものだから、そこにはおのずと限界がある。パーソナリティに関する理論や考え方は、人間という複雑な生き物を説明しやすく、理解しやすくはしてくれるが、それでも、あなたはつねにデータを集め、そのつど認識を改め続けなければならないのだ。

たとえば、あなたが昨日、エニアグラムのタイプ8「挑戦する人」とおぼしき人物に会ったとしよう。

職場で会話していると、その人の強引で直接的なボディランゲージが目についた。はっきりした口調と堂々たる態度で、あなたの話の腰を折ることも、しっかり目と目を合わせ、顎を引き、鋭い視線を送ってくることもあった。

ところが、今日、仕事以外の場で再び話してみると、ボディランゲージから不安が伝わってきた。昨日の強引さはカモフラージュだったのだろうか？

さらに会話するうちに、あなたは解釈モデルを変更することになる。

相手は強引でもなんでもなく、単に自信をもってざっくばらんにコミュニケーションを進めているだけに見える。どうやら、集中力があって、熱心で「合理的な」タイプのようだ。外向性は高いが、堅実性と協調性が低いのだろう。

あなたがこうしたことをすべて踏まえたうえで相手とかかわっていると、突然、その人と「うまが合う」瞬間が訪れた。そして、気づいたときには親友になっていた！……というのは現実世界で往々にして起こりうることだ。

重要ポイント

- 心理学者のように性格分析の旅を始めるにあたって、わたしたちは、まず、さまざまなパーソナリティ検査に注目し、そこから何が得られるかを考えた。すると、得られるものが多いことが分かった。もちろん、それらの検査は人の性格特性を完璧に測定したり、分類したりできるものではないが、さまざまな尺度と視点を与えてくれることは間違いない。
- ビッグファイブと呼ばれるパーソナリティ検査は、人を全体的にとらえるのではなく、特定の性格特性に絞って分類しようとする最初の試みだった。5つの性格特性の頭文字をとってOCEANとすると覚えやすい。経験への開放性（Openness）は新しいことを試そうとすること、堅実性（Conscientiousness）は慎重で用心深いこと、外向性（Extroversion）は他者とのかかわり合いをエネルギー源にすること、協調性（Agreeableness）は温かさと共感性をもつこと、神経症傾向（Neuroticism）は不安で神経質であることを意味する。

●次にMBTIをとり上げた。MBTIは指針として有用だが、人によってはホロスコープのように扱い、そうあってほしいと思うタイプに自分や人を分類してしまう場合がある。MBTIは、相反する4指標の性格特性のうち自分に当てはまるほうが選ばれる仕組みになっている。その特性とは、外向型と内向型（興味関心の方向）、感覚型と直観型（ものの見方）、思考型と感情型（判断のしかた）、判断型と知覚型（外界への接し方）であり、これらを組み合わせ追究することでパーソナリティ・タイプが出来上がる。

●MBTIの使用時にはいくつかの注意点がある。個人で指標のみを使おうとする場合、人をステレオタイプ化して分類しがちなこと。また、性格特性も気分や状況によって異なることだ。

●カーシーの気質分類はMBTIのタイプを「気質」に組みかえた方法だ。16のパーソナリティ・タイプに代わって、4種類の具体的な気質に分類し、さらにそれぞれを4種類の役割に分ける。4つの気質は、守護者、職人、理想主義者、合理主義者からなる。カーシーによれば、人口のおよそ80パーセントは守護者と職人のどちらかに当てはまる。

最後にとり上げたエニアグラムには、9種類のパーソナリティ・タイプがある。すなわち、改革する人、人を助ける人、達成する人、個性的な人、調べる人、忠実な人、熱中する人、挑戦する人、平和をもたらす人だ。それぞれのタイプは固有の性格特性で構成されている。そのため、エニアグラムはカーシーの気質分類に似た機能を果たす。

編集部注：本章で紹介した各タイプ診断については、それぞれ正規のテスト方法や診断過程があり、本書での記述は著者によるダイジェストであり考察です。実際にサービスの利用を希望される場合は、各サービスの公式サイトをお調べください。

第4章
嘘を見抜く
基本知識と注意事項

本書では、人の行動や他者とのかかわり合いの裏にあるさまざまな動機に注目し、その人の欲求がコミュニケーションや行為に与える影響、エゴの働きについて考えてきた。そして、その人の「言外の意味」や全身から発せられる「メッセージ」を読みとるのに役立つさまざまな方法もとり上げてきた。

それらを実践すれば、わたしたちは他人の心の奥をのぞき込み、理解を深めることができる。だが、はっきり言って、わたしたちが相手を「理解しようとする」のは単に無邪気な好奇心からだけではない。理解したいという欲求には、多くの場合、それなりの（正当な）理由がある。

たとえば、相手がこちらを巧みに操ろうとしたり、何かを隠していたり、あからさまな嘘をついていたりすれば、それを見抜けるようになりたいからだ。

人を見る目があり、相手の心を読みとるのが上手な人は、最高の友人、恋人、親、同僚になれる。それればかりか、他人のあまり高尚とは言えない意図から身を守ることもできる。

私生活で誰かの他愛もない嘘に気づくにしても、デートの相手の陰湿な策略を見抜くにしても、積極的にあなたを惑わそうとしてくる誰かの本質を突くにしても（広告業界のみなさん、聞こえているかな？）、本書でとり上げてきたスキルは、自分を守るための強力な武器になる。

さて、「注意事項」にはうんざりされるかもしれないが、念を押しておきたい。「人の心を読みとれる絶対的な保証はない」ということだ。観察方法と理論と妥当な推測はあっても、人の癖や個性や背景はそれぞれに異なる。100パーセント誰にでも通用するというテクニックはない。

とはいえ、この章でとり上げる内容はすばらしい出発点になるだろう。ツールキットにまたひとつツールが加わり、データを眺める際の新たなレンズが手に入るのだ。

まず、嘘発見のプロたちに注目しよう。短時間でできる限り正確な判断を下すことが求められるＦＢＩやＣＩＡのエージェント、尋問官、警官たちだ。

不確実性という問題

誰もが自分を平均以上のドライバーだと信じているように、たいていの人間は自分は嘘を見抜くのが上手だと思っている。

だが、実態はどうか。専門誌『Forensic Examiner（科学捜査官）』の２００６年の調査によれば、一般的に人の嘘検知能力はかなり低く、年齢も学歴も性別も、嘘をかぎ分けられるという自信のほども関係ない。それどころか、専門的な訓練を受けた人ですら一般人と大差ないことが分かった。

同じく２００６年の『Personality and Social Psychology Review（パーソナリティ・社会心理学レビュー）』の論文は、心理学者や裁判官を含む人びとの大半が、まぐれ程度にしかごまかしを見抜けないことを示している。ある試算によれば、80パーセント以上の確率で嘘つきを見分けられるのは、２万人のうちたったの50人だという。

なんたる成功率の低さ！

誰も自分が特別に騙されやすいとは思いたくないだろうが、じつのところ、熟練の嘘つきにはものすごい説得力がある。だから、この章ではまず、嘘を見破る能力を今より向上させることにしよう。注意深く慎重に。

問題は、人の心を読みとる際にわたしたちが頼りにしている要素――顔の表情、ボディランゲージ、言葉の選択など――にはばらつきがあるということだ。

嘘をついている人は一様に同じ予測可能な特徴を見せる、というのは憶測にすぎない。

実際には、そうした観察のヒントやコツがほとんど意味をなさないくらい大きな個人差がある。前章までにとり上げたテクニックは、隠しごとのない誠実な人の特徴をとらえるのには有効だが、相手が嘘つきとなると話は別だ。

さらに大きな問題がある。嘘をつく側は、嘘を見抜こうとしている側とまったく同じ情報にアクセスできるということだ。

顔を頻繁に触ると相手に疑わしく思われると知っていたら、触らないように気をつけるだろう。むしろ、嘘が常習化している人や、ある意味、自分の嘘を信じきっているような人は、嘘をついている様子をまったく見せない場合がある。

嘘を見抜くことがそれほど難しいなら、わざわざ学ぶ必要などあるのか、と思うかもしれない。だが、一定の条件が揃えば、嘘を見抜く精度は改善できるのだ。その条件を理解しつつ、自分の精度の現状を把握していれば、わたしたちは、人の性格を読みとるのが今よりも上手になり、騙されにくくなる。

一般的に、嘘を見抜く精度が最も高くなる条件とは、次のようなものだ。

- **あなたが相手の普段の振る舞い（ベースライン）をよく知っていて、今まさに目の当たりにしている振る舞いと比較検討できること。**
- **相手が行き当たりばったりで嘘をついていること。練習したり、準備したりした嘘ではないこと。**

バレたときに現実的な結果を伴う嘘であること。リスクを伴う嘘ほど、嘘をついている本人は緊張する。

残念ながら、これさえ見られれば嘘をついていると断定できる、というような唯一無二の手がかりや兆候は存在しない。突然、おしゃべりになる人もいれば、普段と違って、顔を引きつらせる人も、やけに深刻になって気もそぞろといった様子になる人もいる。

それに、たとえ相手が緊張しているのは間違いないとしても、嘘をついているとは限らない。**あなたに信じてもらえなくて緊張しているのかもしれないのだ！**

では、逆転の発想で、ものごとを反対側から眺めてみてはどうか。わたしたちはどうすれば嘘を見抜けるようになるか、ではなくて、そもそもなぜ騙されるのか。

嘘つきが存在するという現実は変えられなくとも、「自分自身」に目を向け、自分のパーソナリティや信念や振る舞いの何が嘘に気づかせないのかを問うことはできるはずだ。

たいていの人は、嘘をつくことを道徳的な絶対悪だと理解している。わたしたちは嘘をつきたくないし、誰かに騙されるのも嫌だ。もしわたしたちが無意識のうちに、誰も自分に嘘をつかないだろうとか、誰かが嘘をついていたら見抜けるだろうと信じているとすれば、ある意味、エゴを守れるし、この世はおおむね公正な場所だと安心していられる。

また、たいていの人は善良で正直だ。他人を裁きたくなどないし、相手を信頼していたほうが安心していられる。そんなふうに他人も自分とまったく同じ良心をもって行動するに違いないと思い込んでいる人の、なんと多いことか。

自分の中にある偏見や期待、他人の言葉に対する無意識の思い込みをありのままに認めれば、ごまかしを見抜くチャンスは高くなる。自分のことを優秀な嘘発見レーダーか、「人間嘘発見器」だと想像するのは楽しいだろうが、これでもう備えは万全という安易な考えは、適切な観察と分析の邪魔になるだけだ。

前章までにとり上げた、人の価値観やパーソナリティを知るための方法は、グレードアップしてこそ嘘発見に役立つ。

会話がすべて

街行く人に嘘つきの見分け方を尋ねると、こんな答えが返ってきそうだ。

「目が泳ぐ」「右上に視線を向ける」「しどろもどろになる」

適切な訓練を受けた専門家でさえ、これらを絶対的な嘘発見のテクニックだと思ってしまうことがある。だが残念ながら、そんなに簡単だったら、今よりはるかに嘘は少なくなるし、誰も騙されたりはしない。じつのところ、ひとつや2つの特有の振る舞いに気づくだけでは、嘘は見抜けないのだ。


もちろん、ボディランゲージは重要だが、嘘は言葉によって成り立つ。会話の中で、リアルタイムでダイナミックに語られるものであり、そこには聞き手がいる。嘘を見抜くのは、鷹のような鋭い目つきで、相手の顔が引きつっていないか、掌《てのひら》に汗をかいていないか観察していれば、どうにかなるという話ではない。会話全体に注意を向ける必要がある。

その会話にはあなたも参加しているのだから、相手に質問をぶつけたり、話の舵をとりをしたりすればいい。無理やりというより、相手にそれとなくプレッシャーをかけて「情報を提供させる」ことだって可能だ。

嘘を見抜くのは、個々の静的な観察結果によってのみ成り立つのではない。会話術としてとらえ直す必要がある。

配偶者の行動が怪しければ、あなたは、この5時間どこに行っていたか尋ねればいい。子どもが目の周りに痣をつくってきたら、事情を聞こう。同僚があなたの企画を放り出した理由をくどくど説明するのは、なぜだろう。

こうしたことは、すべて生きたダイナミックな会話の中で展開する。単に証言台で一方的に語られるわけではない。

あなたが嘘を見抜けるかどうかは、相手と「どうかかわるか」にかかっている。必要なのは、先を見越した戦略的なかかわり方だ。**まず、自由回答形式の質問を投げかけて、相手にしゃべる時間を与えよう。すると、事実関係や話の流れに矛盾が見つかって、嘘を暴ける場合が多い。**

英国ダービー大学のレイ・ブル博士は、犯罪捜査学の教授として、長年、この会話術の研究に従事し、心理学、行動学、法学の専門誌に論文を発表している。博士によれば、インタビューする側とされる側の「関係性」と嘘発見の「プロセス」が何よりも重要だという。

少なくとも最初のうちは、あなたの側からの情報提供は最小限に抑えたほうがいい。すでに何らかの証拠や情報をつかんでいても、できるだけ口をつぐんでいよう。相手は、今、難しい立場に置かれているはずだ。納得させられるようなストーリーをつくらなければならないのに、何をどこまで知られているか分からずにいる。**あなたが黙っていると、むしろ相手のほうから、うっかり口を滑らせて、あっさり**

嘘を露呈させることが多いのだ。

シンプルな例を挙げよう。

あなたの配偶者が、昨晩、友人の家で過ごしたときのことをくどくど話しているとする（そしてそれは嘘だとあなたは確信しているとする）。

そんなときは、いくつか質問してみればいい。たとえば、友人と何をしたのか、何を食べたのか、天気はどうだったのか。そして相手の話に耳を傾ける。

ひと通り聞き終わったら、今度はあなたからの種明かしだ。たまたま、その友人が休暇で旅行中だと聞いていたのだと。

そんなふうに、あなたがぎりぎりまで手の内を明かさずにいると、相手は用意していたストーリーを披露して、ボロを出すことになる。

情報が全体的にどんなふうに提示されるかに注目しよう。

嘘をつくとき、人は通常、完璧で詳細なストーリーをいっぺんに披露する。そのため、質問をぶつけられると話せる内容がほとんど残っていない。

結局、頭の中でストーリーの予行演習はしてきたものの、想定外の質問への答え方までは練習していないからだ。

一方、真実を語るとき、人は一度にすべてを話さない。だが、質問にはすらすら答えられる。

あなたもこの方法を直接試してみるといい。相手が事前に思いつかないような、行き当たりばったりの無関係な質問をいきなりぶつけてみよう。答えをひねり出そうとして、相手は四苦八苦するかもしれない。

一般に、嘘つきは質問に答えるのに手間取る。しかも休み休み答える。**一方、真実を語る人は、詳細を思い出せなければ、ためらわずに「分からない」と言う。嘘つきは情報のギャップを埋めようとして、意味のない細かい話を慌ててつくり上げる傾向がある。**

あなたが相手の話の矛盾や明らかな嘘に気づいても、しばらくは黙っていたほうがいい。様子を見ていると、相手が目の前で物語をせっせと紡ぎ出してくれるかもしれない。

あなたから最終的にごまかしの証拠を突きつけるときも、相手の反応を観察する。**図星を指された人は、怒りだすか黙り込むかのどちらかだ。一方、真実を語っている人は、少々困惑しつつも、シンプルに自分の話を繰り返すだろう。**

ジェームズ・ドリスケル博士は、嘘の検知などの行動科学関連の課題を研究するフロリダ・マキシマ・コーポレーションの研究員だ。博士の知見は、共謀して嘘をついている人とそうでない人の話を見分けるうえで、おおいにヒントになりそうだ。

2人の人間がいっしょに嘘をついている場合、互いに相談しながら話したりせず、相手の話に説明を加えることもしないが、真実を話している人たちは互いに相談したり補足したりするという。

だから共謀が疑われる場合は、当人同士のかかわり方に注目するといい。正直な人たちは、2人の間で気楽に積極的にストーリーを共有するだろう。

不意を突く

嘘つきの立場に立ってみると分かるが（最後に自分が大嘘をついたときのことを思い出そう！）、嘘をつくには、細かいことを山ほど覚えておかなくてはならない。そのうえ、つねに平静を装い堂々と振る舞う必要がある。

だから、時間があれば事前に詳細をひと通り確認しておくと、かなり安心できる。準備する時間があればあるほど、心を落ち着かせられるし、想定問答の予行演習もできる。

一方、とっさにつく嘘はバレやすい。急に質問されたり、話しかけられたりすると、粗製乱造の嘘をつくしかなくなる。先述の会話テクニックでもそうだったが、あなたは、相手の話の真偽をボディランゲージや何かだけで判断する必要はない。この場合も相手が張り巡らせた嘘の糸にみずから引っかかるように仕向ければいいのだ。

どっきり質問で相手の不意を突き、リハーサルしていた台本から逸脱させよう。すると急激な変化が見られるかもしれない。自信たっぷりの態度に突然陰りが出たり、話のスピードやアイコンタクトが急変したりすることがある。**シンプルな「はい／いいえ」の質問に対して、のらりくらりと答えを避けるのも要注意だ。**

相手はもっともらしい嘘をひねり出そうとして、時間稼ぎをしているのかもしれない。真実を語っているなら、間を置かずにはっきり答えるだろう。**聞かれたことを復唱したり、回りくどくてやけに詳細な答えを返したりするのも時間稼ぎの可能性がある。**

たとえば、

「あら、冷蔵庫に入れてたわたしのランチがない！　マイク、わたしのを食べたでしょ？」

「え、きみの何を？」

「ランチよ。ここに入れといたの。メモを貼り付けて」

「へぇ、オフィスの誰かがこっそりくすねたとか」

「あなたよね？」

「え、俺が嘘をついてるって言うのか？」

「食べたでしょ？」

「馬鹿馬鹿しい。まさか本気できみは、つまり、その何か……」


とまあ、しどろもどろだ。

やはり、注目すべき点は、相手のストーリーが「どのように」提示されるかにある。不意を突かれると相手は動揺するかもしれない。怒りを向けてくる場合もある。だから気分や話し方の突然の変化に注目しよう。

怒りで動揺を隠そうとしていないだろうか（「なんでそんな馬鹿げたことを聞くんだ？」とか「きみは何も分かってない！」とか）。

疑念をはっきりさせたいなら、あなたはさりげなく、ぶっきらぼうに、素早く質問をぶつけ、相手につくり話をこしらえる暇を与えないようにすればいい。

相手の振る舞いやボディランゲージの観察がここで役に立ち始める。相手は緊張していないか。しぐさや言葉で何かを隠そうとしていないか。

人によっては、心外だと言わんばかりの態度を見せたり、あるいは、神にご加護を求めたりして（「神に誓って、そんなことはしていない！」）、あなたの質問に簡潔に答えようとしない場合がある。

不意を突かれた瞬間の相手の様子を見逃さず、質問にどう反応するかを観察しよう。ごくたまに、動揺が激しすぎてパニックになり、すぐに白状する人もいる。

認知負荷を増やす

真実を語るのはすこぶる簡単だ。自分が覚えている内容を話せば済むのだから。ところが嘘をつくとなるとそうはいかない。少なくとも認知能力の面でかなりハードな作業を強いられる。自分が覚えていることを話すのではなくて、新しいストーリーをつくり上げなければならない。しかも十分な信ぴょう性をもたせる必要がある。だから、あなたが嘘つきを観念させたければ、すでに過剰に負荷がかかっている相手の脳にさらに負荷をかけてやればいい。すると相手はミスを犯して、あなたが知りたいことをうっかり漏らす。

ここで求められるのは、おふざけを一切許さない厳格な刑事の取り調べのようなアプローチではない。むしろ、さりげない態度をとりつつ、相手に話を続けさせることが重要だ。**注意深く耳を傾けているうちに、やや説得力に乏しい箇所があれば、やんわりつついてみよう。**すると謎が解けたり、紛れもない矛盾が出てきたりする。その矛盾をつついていると、さらなる嘘や整合性のとれない箇所が出てくる。

非常に興味深いテクニックがある。会話の冒頭から、相手が自身をどれくらい正直だと感じているかを話題にするという方法だ。するとそれが合図になって、相手は正直に話しだすかもしれない。たとえそうでなくても、真実と思われたいという願望と嘘をついているという現実の間に緊張が生じ、そのせいで白状したり、少なくとも下手な嘘をついたりする、というわけだ。

カナダの研究者ジェイ・オルソンは、説得のもつ威力をテーマに幅広く執筆を続けてきた。その結果、説得術が人のごまかしを暴くうえでも非常に役に立つことが判明した。

なるほど、受け身の構えで相手の嘘を見抜くのもひとつの手だが、知的で的を射た質問と戦術と説得術を使って積極的に相手に働きかければ、相手から真実を「絞り出す」こともできるのだ。

相手の認知に負荷をかけてやると、考えなければならないことが多くなりすぎて、嘘が崩壊する。

そのひとつの方法として、こちらから虚偽の情報をちょっとずつ提供するという手がある。すると、虚偽情報を聞かされたときの相手の振る舞いのベースラインが判明するだけでなく、あなたからの追加情報が相手の認知にますます負荷をかけることになる。

あなたがこれを何度か繰り返していると、真実と虚偽の情報を交互に聞かされた相手は、頭の中でジャグリングしなければならなくなる。

さらに、あなたがすでに真実だと知っている話題をわざともち出して、相手にそのことについて語らせ、嘘をついていないかどうか密かに確かめるという方法もある。この方法は、相手がどういう人かよく分からず、行動のベースラインを知りたいときに役立つ。

予想外の質問を投げかけて、相手に用意した台本を一時的に諦めさせると、台本に戻ってきたときに相手は細かいことを忘れている可能性がある。

相手のストーリーのどうでもいい部分に、ちょっとした追加の情報や間違った詳細を織り交ぜて相手に返してみよう。嘘をついている相手は、単純にあなたが間違っただけだとしか思わず、あなたに話を合わせてくるかもしれない。

生まれてこの方、あなたは普通の自然な会話を交わしてきただろうから、誰かのストーリーに硬さ、ぎこちなさ、不自然さがあれば感じとれるはずだ。会話がかなり進んでから、ストーリーにほころびを見つけた場合、嘘だとバレたらどうなるかを相手にほのめかしてもいいだろう。すると相手は混乱してストレスを感じるはずだ。認知エネルギーが枯渇して、ボロを出したり墓穴を掘ったりする確率が高くなる。

最後に、会話の中で感情がどのように表現されるかにも注目しよう。元FBI捜査官で尋問の専門家でもあるジョー・ナヴァロは、個々の現象の観察よりも振る舞い全体に目を向けることの重要性を説く。嘘という認知的な事実の背後には必ず「感情」がある。それは罪悪感や緊張や恐れだったり、その場を切り抜けることの密かなスリル（心理学で「騙す喜び」と言われるもの）だったりする。

嘘はある種の冷静沈着な態度で提示されることが多い。そのうえで相手は偽りの感情を会話のあちこちに織り交ぜてきたりする。だが、相手があなたのよく知っている人であれば、そうした感情表現はぎこちなく見えるだろう。タイミングがズレていたり、反応が長引いたり、不自然に力が入っていたり。

そうしたぎこちなさの原因は、大嘘をつくための認知負荷が自然な感情の表出を妨げていることにある。ナヴァロによれば、嘘をつきとおすのに必死になっている人には、次のようなサインが見られるという。

唇をすぼめる、身体をそらす、首や顔を触る、通気をよくしようとする（シャツの一番上のボタンを外したり、首や顔にかかる髪をよけたりする）。

複雑な質問や紛らわしい質問で相手の認知負荷を増やしてやると、隠れていた感情が表に出やすくなるから、あなたはどんどん掘り下げていこう。虚構を語るときに生じる感情と認知負荷のせめぎ合いを観察するには、感情そのものについて尋ねてみればいい。

たいていの人間は、嘘の詳細は頭に叩き込んでいるが、感情面の対策（「冷静なふりをしよう！」）までは考えていないのだ。

たとえば、ＦＢＩ捜査官は、死体を「発見した」と主張する人にそのときの感情を尋ねるだろう。虚偽の主張をしている人は答えに手間取るかもしれない（用意した台本に感情は含まれていないからだ）。あるいは、感情については何も語らなかったり、説得力に欠ける話を披露したりするかもしれない。

一方、真実を語る人はほとんど即答に近いかたちで、ありのままの感情を語り、しかも、その場で同じ感情を見せることも多い。

質問をぶつける以外にも、やはり認知負荷を利用して嘘を暴く方法がもうひとつある。嘘の話をでっち上げて、それを維持していくためには、かなりの認知的努力が求められるから、脳は、詳細を伝えることに伴う別の面にはあまり注意を払わなくなるのだ。

たとえば、一日じゅうどこで何をしていたかについて嘘を語る配偶者は、感情を見せずに淡々と語るだろう。

友人とどう過ごしたかという詳細は普通なら楽しげに語られるものだが、それが嘘の場合、話し手の感情から切り離された、一連の客観的な発言に姿を変える。なぜなら、嘘つきは嘘の詳細に関して客観性と感情を同時に保つことができないからだ。

したがって、あなたは相手がどんな感情を見せるかに注意を払い、言っていることと感情が合っているかを分析すればいい。まるで練習してきたような語り口ではないか。同じ話を自分がするとしたら、もっと感情を表すのではないか。そうした疑問が嘘を見抜く助けになる。

語り口が淡々としているほど、その分、ボディランゲージには感情のサインが出やすくなる。嘘をついているときに見られるある種の非言語的なサインには、たとえ訓練された嘘つきであっても、隠すのがきわめて困難なものがある。したがって、それらのサインが何度も見られれば、嘘をついていると結論できる。

顔に表れるサインは比較的ごまかしやすいが、研究によれば、通常、人が（サイコパスでない限り）嘘をつくときに抱く不安や罪悪感は興奮を生じさせ、そのために普段よりも非言語的な振る舞いを見せやすくなるという。

たとえば、嘘をついていると興奮して瞬きが増える。あるいは、言葉につかえる、言い間違える、瞳孔が散大するというのも嘘のサインだ。

さらに、それらのサインは嘘が複雑なときほど頻繁に表れる。だから、いつもより瞬きの回数が多いと、それだけ大きな嘘をついている可能性がある。

以上、認知負荷を利用して嘘を検知する方法を2つ紹介した。

ひとつは、適切な質問を戦略的にぶつけながら、相手のストーリーに根気よく穴をあける方法。もうひとつは、嘘によって認知に負荷がかかっていることを示す特定の振る舞いを観察する方法。さらに好ましいのはこれらをあわせて使うことだ。より正確な結論が期待できる。

嘘検知能力を上げるためのヒント

●相手から情報を引き出そうとするより、ゆったり構えて、自由にしゃべらせる。自分の知っていることを最初から（場合によっては最後まで）明かさない。

● リラックスして自然体を保つ。取り調べのような雰囲気を醸し出さないこと。さもないと相手を緊張させてしまい、ありのままの状態を観察できなくなる。

● 鼻を触る、右上を見る、口ごもるといった個々のサインや手がかりをいちいち気にするより、会話の「変化」にその人が全体的にどう反応するかに注目する。とくに、会話の流れの中で、相手が急いで話をでっち上げる必要に迫られたように思える瞬間があるかもしれない。

● 通常より長いストーリーや、やけに詳細なストーリーには気をつける。嘘つきは言葉数が増え、早口になる傾向がある。

● 急がない。ごまかしを見つけるには時間がかかる。相手が長く話せば話すほど、へまをしでかす可能性や、話の筋が通らなくなる可能性は高くなる。

● おもに矛盾に目を向ける。話のつじつまが合わない、感情表現と話の内容が一致しない、話し方がいきなり変わる、などは要注意だ。それまでおしゃべりだったのに、何かを質問された途端、口をつぐんで深刻な表情になるとすれば、かなり怪しい。

●会話の解釈はつねに、もとから自分が知っていた事実、今の文脈、やりとりの中で観察したことをもとに行う。何よりも重要なのは、いつものパターンを知っておくことだ。そのパターンに乱れが生じるとすれば、何か興味深いことを示唆している可能性がある。

●ためらわずに自分の勘を頼りにしよう！　あなたの無意識は意識が気づいていないデータを拾い上げている可能性がある。直観だけで判断してはならないが、早々に直観を切り捨てるのもよくない。

重要ポイント

●相手のボディランゲージ、声、言葉をひと通り観察するのは、正直な人を理解するうえでは助けになるが、嘘を見抜くには、それよりも洗練されたテクニックが必要だ。

●大部分の人は自分で思っているほど嘘を見抜くのがうまくない。偏見、期待、自分は嘘をつかれないし騙されないという思い込みが、騙されていることを気づきにくくする。

● 嘘を上手に見抜くには、会話を通じたダイナミックなプロセスが必要だ。自由回答形式の質問をぶつけて、相手の口から自発的に情報が漏れてこないか観察しよう。長々としたストーリーをいっぺんに語る、話や感情表現に矛盾がある、返答に手間取ったり返答を避けたりする、不意の質問には答えられない、といった反応に注目しよう。

● とっさの嘘は見破りやすい。相手に嘘の台本を用意したり、練習させたりする時間を与えないようにしよう。想定外の質問を投げかけたり、あなたから虚偽の情報を提供したりして、相手の反応を観察すると、嘘をついているときとそうでないときを見分けるベースラインが得られる。

● 認知負荷を増やしてやると、嘘つきはストーリーを間違えたり、細かい部分を忘れたりして正体を現す。詳細を突き詰めよう。つじつまが合わないとき、感情と話の内容が一致しないとき、時間稼ぎをしているときは、怪しむべし。

●認知負荷が限界を超えているときのサインを見逃さないようにしよう。たとえば、普段より感情表現が少ない、もしくは、通常、人がその状況で見せるような感情表現が見られないのも有力なサインだ。そうした感情表現の少なさはボディランゲージとなって表れる。最も一般的なのは、頻繁な瞬き、瞳孔の散大、口ごもり、言い間違いだ。

●嘘を見抜くことの難しさはよく知られているが、戦略的で的を射た質問を使えば、嘘の検知能力を向上させることができる。ボディランゲージのみを頼りに隠れた意図を探るより、嘘つきがみずから掘った穴にはまるように仕向けよう。

第5章

観察力を発揮する

最後の章では、ここまでで論じてきたことに「時間」というもうひとつの要素を加えて考えることにしよう。

他者の心を読みとるのが上手であろうとなかろうと、十分な時間があれば、相手のことをかなり理解できる。だが、実際には限られた時間しかない場合もある。そんなときは、ほんの数分か数秒で人の性格を判断しなければならない。

ここからは、人の性格をとっさに見きわめる方法や、その人の振る舞いを観察し、発言を聞き、事前情報抜きで「コールドリーディング」する方法を見ていこう。

テレビの公開番組で、いわゆる霊能者や霊媒師が死者の霊と交信するのを見たことがあるだろうか。霊媒師は、観客の誰かとゆかりのある霊が来ていると言い、いかようにも解釈できそうなあいまいなヒントを出す。そして客席に反応する人がいると、もう少し踏み込んだ情報を提供する。

もしその観客がある程度の年齢なら、霊媒師は子どもか配偶者の霊が来ているようだとほのめかす。その年代の人はたいてい結婚していたり、子どもがいたりするからだ。こうして、ちょっとしたヒントに対して観客が見せるかすかな反応を手がかりに、霊媒師はさらに可能性を絞り込んでいく。

このプロセスで肝心なのは、結果そのものより、何を微調整しようとしているかだ（この例では、いかにも観客とゆかりのある霊と交信していると、人びとに信じ込ませるための手練手管のことだ！）。

じつのところ、人のことを即座にかなり正確に判断できる科学的な方法が存在する。使い方を知っていればの話だが。

「シンスライシング」の使い方

心理学で「シンスライシング」とは、限られたデータだけでパターンを見つけ出す能力を指す。観察しようとしている現象――ここでは人とその人の行動――を薄切り《シンスライス》にするわけだ。

この用語は1992年、『Psychological Bulletin（心理学紀要）』に掲載されたナリー二・アンバディとロバート・ローゼンタールの論文に初めて登場して以来、哲学的・

心理学的な概念として広く使われるようになった。ごくわずかな手がかりをもとに人の行動を正確に予測することを意味する。

いくつかの心理学的研究によって、他人に対する評価の精度は、最初の5分間で下す評価の精度を超えることがないと証明されている。

このことが意味するのは、人の第一印象は決して変わらないか、もしくは、人はたったの数分で知るべき情報をすべて手に入れられるかのどちらかだ。

アルブレクセン、マイスナー、スーサの2019年の研究によれば、多くの場合、人が他者の偏見やごまかしを正確に見抜くのは偶然ではなく、「直観」(即断)によるものだという。しかも、直観を頼りにした人のほうが、慎重かつ意識的に状況を評価した人よりも、精度が高かった。

では、その能力を使って身近な人を正確に評価することは可能なのか。

即断に関して重要なのは、大部分が無意識のうちに行われるということだ。素早さの理由はそこにある。

マルコム・グラッドウェルは、有名な著書『第1感「最初の2秒」の「なんとなく」が正しい』（沢田博・阿部尚美訳、光文社）で、この無意識について述べている。たとえば、ある美術専門家は新しい彫刻作品を見るなりほんものではないと感じたが、理由を説明できなかった。はたして、のちにその作品は偽物だと判明している。

心理学者ジョン・ゴットマンの例も有名だ。ゴットマンは、カップルを見ただけで15年後も連れ添っているかどうかを95パーセントの精度で言い当てることができるという。

おもしろいのは、カップルを観察する時間が長くなると、精度が90パーセントに「落ちる」ことだ。どうやら最も精度が高いのは時間をかけずに下す判断らしい。

このシンスライシングを使って、身近な人の心を読みとり、相手を理解することは可能だろうか？　ほんとうに、直観や勘は論理的で慎重で意識的な努力よりも、正しい決断や判断を下せるのだろうか？

答えはこれまで同様、イエスとノーだ。ナリーニ・アンバディは、わたしたちの感情が即断の精度に影響することを発見した。**たとえば、悲しみは他者を評価するときの精度を下げる。**これはおそらく、悲しみがより慎重な情報処理を促すからだ。

本書の冒頭で述べたことを思い出してほしい。そこでは偏見と先入観に注目し、反射的な即断が人の心を読みとる能力の妨げになりうることを確認した。ならば、この章でとり上げている研究結果と矛盾しそうだが、じつを言うと、人の心を読みとる天才たちは通常、「合わせ技」を使っている。彼らはそれぞれの技が互いの限界を補い合うことを知っているのだ。

たとえば、あなたがある会社の採用面接を受けたとしよう。最初の数分間で、面接官とその場所に対して「嫌な感じ」がした。理由は分からないが、どうしても違和感をぬぐえない。

二次面接の知らせが来て、再び会社に足を運ぶことになった。なるべく先入観をもたずに多くのデータを集めるつもりだが、今はまだ結論を出す段階ではないと思っている。最初の直観も大切にしたいから、自分に任される予定の役割についてそれとなく尋ねてみた。すると、答えをはぐらかすようなボディランゲージや、ごまかしと嘘のサインが目についた。話のつじつまもまったく合っていない。

そこで、友人のネットワークを使って少し調べたところ、つい最近までその会社に勤めていた人が見つかった。セクシャルハラスメント被害を訴えたところ、解雇されてしまったという。しかもその人はまさにあなたが応募しているポストについていたのだ。加害者は今もその会社に在籍していて、あなたが就職すれば、直属の上司になるはずだ。

このように、直観と熟慮という2つのプロセスを合わせれば、それぞれのプロセスが情報を補い合って、正しい判断を導き出せる。

裁判官はいわゆる「法廷感覚」と呼ばれる直観をもとに判断を下す。軍人や警官、消防士や救急隊員も直観を使う。人が、合コンやそれ以外の機会で恋愛の相手を探すときに働かせるのも同様の感覚だ。

直観はパワフルでしばしば精度が高い。ただし、無意識の確証バイアス（自分が下した即断の正しさを示す「証拠」だけを探し、それ以外の証拠は無視する傾向）に屈しないためには、意識的な意思決定プロセスを経る必要もあるのだ。

かといって、初対面の人に対してはじめから慎重に考えすぎるのもよくない。第一印象を大切にしたうえで、そこから、より深い「意識的な分析」に徐々に移ろう。第一印象に対して疑問の余地を残しつつも、単に訳が分からないという理由で、本能的な反応を軽視しないでほしい！

賢く観察する

ご想像のとおり、シンスライスをもとに下す人物評価の質は、そのスライスの中身によるところが大きい。ある日、あなたは激しいジョギングをしながら考えごとにふけっていたとしよう。そんなあなたとすれ違った人が、ほんの数秒で得たわずかなデータを使って、あなたの人物像を完全に評価できるかというと、それは無理な話だ。

では、どのようなデータを「使うべき」なのか。

出会いの最初の数分間は、脳の自然な働きに任せよう。意識的な判断の基準を下回るような即断を下してもかまわない。だが、しばらくすると、より慎重な観察法が利用できるようになるから、判断プロセスのスピードを緩め、相手の話、言葉づかい、伝えようとしているイメージに注意を向けよう。

というわけで、ここからは、電子メールやソーシャルメディア、話し方や実際の言葉づかいから人物像を探る方法について見ていこう。

言葉づかいに注目

あなたもすでに無意識にやっていると思うが、メールで相手の人物評価を下げたことはないだろうか。その人が選ぶ言葉に説得力を感じたり、電子メールの署名だけで、気分、学歴、ジェンダー、性格まで推測したりしたことは？

『Social Influence（社会的影響）』に掲載された2006年の調査によれば、**みだらな言葉や汚い罵《のの》り言葉を使う人ほど、熱心で説得力があると思われやすい。ただし、興味深いことに、信頼度は上がらない。**

『Journal of Research in Personality（パーソナリティ研究ジャーナル）』に掲載された関連調査によれば、ショートメールからでも人物像はかなり分かるという。

たとえば、人称代名詞「わたし」の多用は外向性と相関し、ネガティブ感情を表す言葉の多用は神経症傾向と、ポジティブ感情を表す言葉の多用は協調性と相関する。

言葉づかいは、その人の精神的・身体的な健康を知るヒントにもなる。

神経症傾向が強い人は、ネガティブなことを述べるときに激しいフレーズを多用する。たとえば、何かに悩まされている場合、シンプルにその何かが嫌いだとは言わずに、「うんざりしている」「嫌で嫌でたまらない」といったとげとげしい言葉を使う。

逆に、ポジティブな人は、ものごとを柔らかめに表現し、めったに「大嫌いだ」「ムカつく」という言葉は使わない。ささいなことにしょっちゅう反応し、深刻な苦痛を表す言葉を使う人の場合、より深い問題が絡んでいる。

第4章「嘘を見抜く」でとり上げたとおり、嘘をついているときのサインは、ボディランゲージだけでなく、実際の言葉にも表れやすい。

嘘つきは、よくしゃべり（「熱心すぎる抗議はかえって怪しい」とはこのことだ）、感覚（視覚や触覚など）に関する言葉を多用し、人称代名詞を避ける（自分には関係ないと思いたい、あるいは、それとなく他人のせいにしたいという無意識が働いているのだろう）。

そんなふうに、怪しいくらい必死になって複雑な話をしているように見える人は、ストーリーをでっち上げている可能性が高い。基本的に人は嘘をつくとき、自分にとって把握しやすくて語りやすいストーリーを選ぶようにできている。

因果関係を表す表現（たとえば、「XがООしたのはYが原因だ。それでZが起きた」）を避ける傾向があるのは、出来事の流れを単純に伝えるのに比べて、少々複雑で覚えにくいからだ。
政治家、演説家、マーケティングの専門家は、言葉の選択次第で大きな違いが生まれるから、言葉づかいは重要だと力説するだろう。しかし、彼らが意識的かつ意図的にやっていることを、わたしたちの多くは無意識にやっている。

違うのは、わたしたちの言葉選びが、より深いレベルの価値観、パーソナリティ、偏見、期待、信念、態度から生じていることだけだ。

注目すべきは、まったく必要のない場面で複雑な用語を使うかどうかだ。**研究によれば、日常的な会話で度を越さない程度に非日常的な言葉を使う人は、知的と見なされ、好感をもたれるが、必要のない場面でやたらと難しい言葉を使う人は、頭のいい物知りだと思われたがっていることを表す。**

なるほど、政治家、金融アドバイザー、上司など権力のある立場にいる人を分析するときに役立ちそうな情報だ。その人が難しい専門用語を多用する場合、信用してはならない人物という意味かもしれない。あるいは、相手が上司だったら、こちらも専門用語を使うと有利に働くかもしれない。

デートのとき、軍隊や狩猟関係の用語ばかりを使う人は、異性に対する見方を無意識のうちに披露しているようなものだ。

また、出会ったばかりでもう「わたしたち」という言葉を多用する人も何かを伝えたがっている。あなたを自分の味方だと見なしているか、少なくともそうあってほしいと願っているのだろう。

一方、やたらと「わたし」を主語にする人は意識の方向を指し示している。その人が出来事をどうつなぎ合わせるか、因果関係をどう説明するかに注目しよう。

たとえば「彼は感情的に傷ついた」と言わずに、「わたしは彼を感情的に傷つけた」と言う人は、自責の念に駆られているのだろう。「女房の腹がでかくなって」と言う人と「妻が出産を控えていまして」と言う人では、当然、伝わってくる人物像はかなり違うはずだ。

言葉の選択がもつ意味を解読するのは、霧深い領域に足を踏み入れるようなものかもしれない。これは科学というよりアートに近い。あなたが構築しようとしている全体像に、相手の言葉づかいというひとつのデータをとり込んで、さらに、方言、年齢、階級、言語障害、文脈の形式度、学歴などを検討しなければならない。あるいは、相手が単なる変人だとすれば、その種の個性も考えなければならないのだ。

だが、わたしたちには頼りにすべき指針と探求すべき方向性がある。今度誰かと会話するときには次の点を検討してみてほしい。

● その人は「わたし」という人称代名詞を多用するか、それとも、他人について話してばかりいるか。金融アナリストのローラ・リッテンハウスは、年次株主通信で「わたし」という言葉を使う回数が多い会社ほど、業績が悪いと考えている。

● 言葉づかいが非常に感情的でドラマチックか、それとも、平明で中立的で事実にもとづいているか。

- ややこしい単語や専門用語がたくさん出てくるか。その目的は何か。
- 平明な言葉で説明できるのに、大げさな難しい単語をやたらと使いたがるか。それはなぜか。
- 口汚い言葉を頻繁に使うか。それは他のデータと総合したとき何を意味するか。
- 語彙からして、その人はどのような判断の基準枠を使っていると思われるか。たとえば、意見の相違を「攻撃」と表現する人、あるいは、自分が雇った社員を「同僚」と呼ぶ人は、どんな判断の基準枠を使っているだろう。
- その人は、あなたに理解できないと分かっていながら難しい単語を使うか。それとも、2人だけが理解できる表現を使うか。それはなぜか。連帯感と親近感を醸し出そうとしているのか、それとも、権力闘争であなたを蹴落とそうとしているのか。
- 「人は」という言い方で、誰かに責任を転嫁したり、注意をそらそうとしたり、操作しようとしたりしていないか。
- あなたの言葉を真似しているか。あなたの使う短いフレーズや単語を繰り返しているとすれば、同意や調和を求めているサインかもしれない。

犯罪現場のシャーロック・ホームズのように推理する

すでに述べたとおり、声のようなほんのわずかな情報しか手に入らなくても、相手の人物像をとらえることは可能だ。それと同様に、目の前にあるものに注目するだけでも、人の心を読むことはできる。点と点をつなげていくと、すべての小さな手がかり、暗示、サインの中から人物像が「浮かび上がってくる」のだ。

写真ほどすぐれた「シンスライス」はない。写真とは生きている人間の様子を文字どおり瞬間的に切り取った《スナップショット》ものだから、そこには本人に関する多くの情報が含まれている。

カリフォルニア大学バークレー校の心理学者ダシャー・ケルトナーとリーアン・ハーカーは、カレッジの卒業アルバムに収められた何十人もの女性の写真を研究した。もちろん、どの女性も笑顔で写っている。

ところが、笑顔には2種類あることが分かった。フランスの神経学者の名を冠して「デュシェンヌ・スマイル」と呼ばれるほんものの笑顔と、航空会社の客室乗務員にちなんで「パンナム・スマイル」（訳注：パンナムはパンアメリカン航空の略称）と呼ばれるつくりものの笑顔だ。

ほんものの笑顔では、顔全体が持ち上がり、目がくしゃっと細くなり、目尻、口角、鼻の周りにしわが寄る。一方、つくり笑いの場合、動くのは口だけで、目やそれ以外の顔の筋肉は使われない。

最も興味深いのは、卒業アルバムの女性たちを何年ものちに追跡したところ、ほんものの笑顔だった女性は、つくり笑いの女性より、既婚率が高く、全体的に幸せで、健康だったことだ。

もし誰かの写真のすべてが、ほんものの笑顔ではなく、つくり笑いばかりだとしたら、その人は見た目ほど幸せではないと結論づけていい（単なるモデルかもしれないし、写真を撮られるのが嫌いなのかもしれない。そこはやはり文脈次第だ！）。

心理学者や精神科医が新しいクライアントと初めて面談する際には、クライアントの外見も評価の対象になる。見た目で人を判断するなんてよろしくないと思うかもしれないが、心理学者が注目する特定のサインがある。

つまり、髪がぼさぼさで、だらしない恰好ではないか、服装が突飛だったり、天気や場にふさわしくなかったりしないか。

服装は着る人のことをいやおうなしに語る。**ニュートラルな服装などというものは存在しない。**服装は、自分がどんな人間で、他人にどう見られたがっているかという自己表現の方法であり、性的アイデンティティ、文化、職業、独特の個性、さらには宗教的な信仰までをも伝えるパワフルなツールなのだ。

あなたも外見から人を判断したことがあるだろう。だが、次に新しい誰かと出会い、その人のことをよく知りたいと思ったら、もう少し慎重になってみるといい。

心理学者のジェニファー・バウムガートナー博士は「服装の心理学」を提唱している。人がどのようにものを買うか、どんな服を着るかは、その人の動機、価値観、自己認識をおおいに語っているという。

外見はその人がどんな世界に属し、どんな地位にあるか、そして、外見に対してどのような意味づけをしているかを表している。

● まず、何をもってよい服、セクシーな服、プロフェッショナルな服とするかという「ルール」は忘れよう。相対的なものだからだ。そうではなくて、その人の身なり全体に注目し、環境にふさわしいものかどうかを判断しよう。たとえば、繊細な宝飾品をつけて白い靴で工事現場に行く人は、その人にとっての優先事項と価値観をはっきり語っていることになる。

● その人は全体的にどれくらい身なりに気を配っているだろうか。服装のスタイルがあなたの好みかどうかはさておき、身だしなみにどれくらい努力しているかに目を向けよう。外見への配慮不足は自尊心の低さや抑うつ傾向を表す場合がある。

● 地位や名声の印を意図的に選んで身につけていないだろうか。たとえば、白いコート、制服、勲章などがそうだ。富や権力の印は見られるだろうか。どれもその人の自己認識や価値観を表している。

●文化的なファクターを考慮する必要があるが、（とくに不適切な文脈で）服装によって性的な注目を集めようとする人は、性的魅力がアイデンティティの大きな部分を占めていることを示している。

●仕事以外の時間にも仕事用の服装を優先的に着ている人は、アイデンティティが生業と結びついている。このことは主婦や主夫にも当てはまる。頑丈な靴に古いタイツとシミだらけのパーカーという服装の母親からは、彼女が個性を表現したいという欲求より、家族の要求を優先していることが伝わってくるはずだ！

●通常、フォーマルな服装ほど「堅実性」の高さを表すが、暗い色合いの服装は神経症傾向の指標になりうる。アクセサリーの多さは外向性を表しているかもしれない（クリスマスに家の周りを派手に飾りつける人のことを思い出そう）。

家と所有物はパーソナリティの延長

フランスのプロヴァンス地方には、家の玄関前に植える糸杉の本数で、その家庭が客人を迎え入れることにどれくらい積極的かを示す風習がある。

糸杉が3本なら、「疲れた旅人に温かい食事とベッドを無償で提供します」という意味。2本なら「喜んで食事と水をお出しします」、1本なら「どうか立ち寄らないでください」という意味だ。

この種のコミュニケーション方法はフランスに限ったものではない。『Journal of Environmental Psychology（環境心理学ジャーナル）』の1989年の調査によれば、**クリスマスに家の外側を飾り立てるアメリカ人は、フレンドリーさや団結力を隣人たちに伝えたいという願いをもち、社交性が高い。**

今度あなたが誰かの家を尋ねたら、服装、ボディランゲージ、言葉づかいと同じように、住まいそのものも観察してみるといい。結局、家はそこに住む人間の延長なのだから。

「オープン」で歓迎ムードが伝わってくる家か。掃除や片付けが行き届いているか。それともちょっと雑然としているか。社交性の手がかりも探してみよう。ゲストエリアがあるか。訪問者に対する気づかいがあるか。

飾りっ気がなくてやけに清潔な家は、神経症傾向について何かを語っている可能性がある。高価な装飾品をあちこちに置き、有名人といっしょに撮った自分の写真を金縁の額に入れて飾っているような人は、富と名声に価値を置いているのだろう。

家は、その人が最もくつろぎ、安心し、自分らしくいられる場所だ。とくにバスルームやベッドルームのように私的な部屋は、自分のニーズや価値観にふさわしい空間につくり上げるものだ。

その家には、特定の場所に何かが大量に置かれていないだろうか。たくさんの家族写真が飾られていたり、本が山積みになっていたりすれば、その家の住人が何を大切にしているか分かるはずだ。

一方、何かが存在しないことも、その人の個性をおおいに物語っている。必要最小限の家具しか置いていない、個人的な所有物をほとんど飾っていない、何もない空間が多い、という場合、単なるミニマリストとも解釈できるが、問題を示している可能性もある。**その問題とは、心の健康の悪化だったり、人付き合いに対する関心の欠如だったり、一般的には、自尊心の低さだったりする。**

家は住人の強い願望を表現する場所でもある。その人がどんなふうに家を飾り、何にお金をかけ、何をなおざりにし、どこからインスピレーションを得ているかに注目しよう。そこには、本人が自分をどう見ているか、他人からどう見られたいかが、表れているはずだ。もちろん、短期の賃貸暮らしは手がかりに乏しいかもしれない。家族がいる暮らしは、個人のパーソナリティより一家全体のカルチャーが表れやすい。それでも、ひたすら観察すべし！

サム・ゴズリングは、著書『スヌープ！　あの人の心ののぞき方』（篠森ゆりこ訳、講談社）の中で、ベッドルームの装飾品を見れば、その人の政治的な志向まで推測できると述べている。

アメリカの保守派は、旗やスポーツグッズなど組織的で伝統的なアイテムを飾る傾向がある。彼らの部屋は、リベラル寄りの人たちの部屋より明るくてすっきりしている。それに対して、リベラル派のベッドルームは、本、CD、画材、文具、文化的な記念品が多く置かれ、また、カラフルに飾られる傾向がある。

一般的に、空間がすっきりしていて過度に整頓されている場合、堅実性の高さを表し、住人は保守派である可能性が高い。一方、リベラル派の空間は開放的で創造性に富み、住人はルーティンや秩序に束縛されるのを嫌う傾向がある。

当然、地域差も考慮に入れなければならない。整っている状態とは何か、すばらしい装飾とは何か、モダンとは何かは、地域によってまったく異なっていてもおかしくない。一方、家と周辺環境との食い違いは、それ自体が情報源になりうる。家を建てるとき、近所の住宅とはまったく違う外観を選んだり、完全な異国文化をとり入れたりするのは、何かを意味するはずだ。

ゴズリングによれば、持ち物や装飾工芸品は3つのカテゴリーに大別できる。

- アイデンティティ・クレイム：その人のパーソナリティ、価値観、「これが自分だ」という意識を直接的に表すもの。オーナメント、ポスター、表彰状、写真、宝飾品、装飾品（たとえば、金の十字架のついたネックレスやケルトノットのタトゥ）。それらが置かれている空間を見て、住んでいる人を想像しよう。アイテムの持ち主はどんな人物だろうか。
- 感情レギュレーター：感情を調節するのに役立つもの。たとえば、誰かの名言、愛する人の写真、感傷的なアイテムなどは、その人が何に価値を置き、何を大切にしているかを表す。
- 行動のかす：日常生活の痕跡を意味する。たとえば、部屋の隅に積まれたウオッカの空き瓶とか、ソファの横に置かれた読みかけの本とか、ダイニングテーブルに載っている未完の手芸作品などからは、その人の習慣や行動が垣間見える。

ボディランゲージや声からだけでなく、生活から人物像を読みとることは難しくない。必要なのは意識だけだ。あらゆるものを観察しよう。

車に乗るとき、その人はどのラジオチャンネルを聴いているか。どんなバンパーステッカーを貼っているか。ソーシャルメディアのユーザー名は何か。パソコンのデスクトップにどんな壁紙を選んでいるか。財布、靴、写真、スポーツ用品、ペット、食べ物や飲み物、新聞や本……。

耳を澄ませば、こうしたこまごましたものの声が聞こえてくるはずだ。

ネット上で人の行動の意味を読みとる

最近は、インターネットの情報を鵜呑《うの》みにしないほうがいいことが常識になっている。ソーシャルメディアのプロフィール写真がほんとうの姿とほとんど関係ないかもしれないことも、みんなが知っている。

とはいえ、ソーシャルメディアやインターネットでの振る舞いを見れば、人物像を多少は推測できるのではないか？　答えはイエスだ！

まず、ネット上で誰かのパーソナリティを探るのに、最初からソーシャルメディアに頼る必要はない。電子メールがある。言葉づかいや全体的な言語表現（この章の前半でとり上げた）だけでなく、送信時刻にも目を向けよう。深夜に一度か二度メールを送ってくるだけなら、とくに意味はないが、しょっちゅう真夜中過ぎに送ってくるのは、夜型人間だからかもしれない。

それが何を意味するかというと、じつは、人のクロノタイプ（体内時計のリズムのパターン）はパーソナリティと関係するのだ。

睡眠専門医のマイケル・ブレウス博士の研究によれば、朝起きるのが早く、夜10時前に寝る人は、外向性が高く、野心的で社交的だという。

一方、夜更かしをする人は、「ダークトライアド（邪悪な三要素）」と呼ばれる性格特性――ナルシシズム（自己中心性）、マキャベリズム（欺瞞性）、サイコパシー（反社会的傾向）――をもつ割合がわずかに高くなる。

だからといって、土曜の深夜にあなたにショートメールを送ってくる人がサイコパスというわけではない。だが、夜型を示すいくつかの証拠が見られるなら、その人は、より内向的な心配性で、かつ創造性がより豊かなのかもしれない。

かたや、睡眠スケジュールがめちゃくちゃな人は、また別のクロノタイプだと言われている。眠りが浅く、ストレスがたまりやすく、他のタイプよりも心配性で勤勉な傾向がある。

ソーシャルメディアの話に戻ろう。FacebookやInstagramのユーザーが何十億人もいることを考えれば、人間の行動の一面としてソーシャルメディアは無視できない。ソーシャルメディアでシェアされるものを信用していいのか、その人の真の姿が分かるのかと疑問に思う人は、ミーシャ・ベック博士らが行った、学生と彼らのソーシャルメディア行動に関する2010年の研究に興味を覚えるだろう。

この研究では、236人の学生を対象に「ビッグファイブ（性格特性の5因子モデル）」を評価するパーソナリティ検査と、理想のパーソナリティ（つまり、こんなふうになりたいという人物像）を調べるもうひとつのテストを実施した。

この研究でパズルの最後のピースを埋めたのは、学生のことをまったく知らない人たちに彼らのソーシャルメディアのプロフィールを見せ、パーソナリティを評価してもらうことだった。

すると驚くような結果が出た。学生たちはソーシャルメディアのプロフィール欄で、理想化した自分ではなく、ありのままの自分を見せる傾向が強かったのだ。彼らの多くは、ソーシャルメディアで正直かつ率直に自分自身を語っていたことになる。ただし、この調査結果の解釈には注意を要する。この調査で行ったパーソナリティ評価はかなり大雑把なものだ。性格特性にはソーシャルメディアで判断しにくいものもある。たとえば、神経症傾向がそうだ。一方、堅実性や外向性は分かりやすい。

では、ソーシャルメディアで人の性格は判断できるのだろうか？ 答えはおおむねイエスだ。ただし、人を分析するために使う他の情報源と同じように、ソーシャルメディアもデータのごく一部（シンスライス）にすぎない。個別の事象よりもパターンが重要なことを念頭に置いておこう。

ときに言葉はわたしたちの判断を簡単に曇らせてしまう。なぜなら、ネット上には強いポジティブ感情や強いネガティブ感情を表現する言葉が並ぶからだ。

だが、投稿された写真、とくにプロフィール写真は、その人がビッグファイブの性格特性尺度のどこに位置するかを正確に言い当てるヒントになりうる。

経験への開放性が高い人や神経症傾向の強い人は、通常、自分だけの写真を載せる。しかも、ポジティブではなくニュートラルな表情の写真だ。

堅実性、協調性、外向性が高い人たちは、笑顔やポジティブな感情を表す写真を載せる傾向がある。

また、協調性と外向性の2つのグループは、一般的に、他のグループよりもカラフルな写真や感情表現の豊かな写真を投稿する。

さらに、その人が何を「理想」とするかは、その人の現状について多くを語っているということも覚えておこう。家じゅうを旅先で買った珍しい品々であふれさせ、あちこちの壁に地図を貼っているような人は、旅慣れた人間であることに価値を置いている。それと同じように、ソーシャルメディアに旅行写真をたくさん投稿する人は、「わたしを旅慣れた人間だと思ってください」とより意図的に発信しているのだ。

仕事にかかわる場面で人の性格を読みとる

面接を受ける人なら内心ぞっとするだろうが、結局のところ、面接の成否は挨拶と握手という最初の数秒で決まり、それ以降は関係ないのかもしれない。

すでに見てきたとおり、第一印象が人物評価に大きく影響するのはたしかだし、よく耳にする助言はどれも的を射ているように聞こえる。たとえば、握手のしかたでその人のことが分かる、というのもそのひとつだ。

『Social Influence（社会的影響）』に掲載された２０１１年の論文で、握手が正確な人物評価の役に立つかどうかに関する研究結果が発表された。

この研究では、被験者を５人の人物に会わせてパーソナリティを評価してもらった。その際、被験者の半数には握手をするように指示し、残りの半数には握手をしないように指示した。**すると、握手したグループは、握手しなかったグループよりも正確に相手の堅実性を評価した。**なるほど、「ビジネスはじかに顔と顔を合わせて行うべし」と力説する人たちは、よく分かっていたようだ！

さて、あなたは、よく知りたいと思っている相手と握手する機会を得たとしよう。その貴重な瞬間に相手がどんな握手をするか、よく観察してほしい。

「死んだ魚」のような弱々しい握手にはいくつかの意味がある。たとえば、自尊心の低さ、無関心、無責任だ。掌に汗をかいているのは不安の表れかもしれない。ただし、単なる汗っかきという場合もあるから、他にも不安を意味するサインが出ていないか探してみよう。

どちらが先に手を差し出すかも注目すべきポイントだ。**身体を寄せてきて手を強く握る人は、状況をコントロールしようとしている。**おそらく、その場を支配したいのだろう。手首をひねって掌を下向きにするのは、自分が「上に立って」指揮したい、あなたをコントロールしたいという気持ちを象徴している。

ハグの場合もそうだが、どちらが先にやめるかにも注目しよう。握手したあとすぐに手を引っ込めるのは、気乗りがしないか、ためらっているサインだ。

一方、しつこいほど長い間、握り続けるのは、あなたを納得させよう、安心させようとしているからかもしれない。優雅に柔らかく手を差し出すのは、臣下にキスを許す女王のしぐさを思わせる。その意味は推して知るべしだ！

両手を使う（もう一方の手を添える）握手は、誠実さの印として使われるが、実際には、政治家や外交官が誠実そうに「見られたい」ときに使うことのほうが多く、少々、慇懃《いんぎん》無礼に思われる可能性がある。

一般的に、よりオープンで温かく心地よい握手をする人ほど、外向性と協調性が高い。外向性は握手によって最も判別しやすい特性とされる。ただし、相手の握手に違和感を覚えたからといって、結論を急がないこと。他の状況証拠を探ってみよう。

今度、あなたが同僚や同僚になるかもしれない人のパーソナリティを評価するときには、その人の履歴書ではなくてソーシャルメディアに注目するといいだろう。ソーシャルメディアで人を判断するなんてフェアじゃないと思うかもしれないが、正確な方法であることを示すエビデンスがあるのだ。しかも、パーソナリティが分かるだけでなく、仕事のパフォーマンスまで推測できてしまう。

ドナルド・クレンパー博士は、被験者たちに知らない人のソーシャルメディアを見せ、その人のパーソナリティを評価してもらった。その後、博士自身がアカウントの所有者本人とその人の仕事上のパフォーマンスを調べたところ、堅実性と協調性が高く、知的好奇心が旺盛と評価されていた人ほど、実際に仕事がよくできることが判明した。

先述の研究でも、ソーシャルメディアでその人が描き出す自己像はかなり正直なものであることが分かった。この研究は、他者に向けて発信する性格特性は、キャリアパフォーマンスを含むすべてに影響を及ぼすことを示している。

それなら、クラブで撮った超カジュアルなパーティーの写真などを載せたら、不利になるんじゃないかって？　それはまあ、文脈次第だろう。**プロフィール欄に幅広い関心や豊富な旅行歴、友人の多さ、おもしろそうな興味などを載せている人は、たしかに好意的な評価を受けた。**そこに「パーティー写真」が多少交ざっていても、多芸多才な信頼に足る人物と受け止められるだろう。

いずれにしても、これらの研究は重要な事実を示している。いっしょに仕事をする人について深く知りたい場合、最も有力な情報源になりそうなのは、従来期待していた場所にはないということだ。

質問を投げかけて能動的に観察する

古代ギリシャの有名な哲学者アリストテレスは「己を知ることは知恵の始まりである」と言った。アメリカ合衆国建国の父ベンジャミン・フランクリンも同様の考えをもっていたらしい。「この世にはきわめてハードなものが3つある。鋼鉄とダイヤモンド、そして自分自身を知ることだ」という言葉を残している。1人は自己認識が知恵の根幹だと言い、もう1人は、自己認識の獲得は困難だと言う。

もちろん、本書は自己認識に関する本ではないが、わたしたちは、他者の心をより正確に読みとるプロセスが自己認識のプロセスに似ていることを知っている。そして、それらが同じくらい難しいことも。

このセクションでは、「間接的な」質問を直接的に投げかけることで、他者について何が分かるかを考えてみよう。相手がどう答えるかによって、わたしたちはその人について学ぶことができる。それはまた、わたしたちが自己理解を深めるために必要なプロセスにも近い。

自己認識を得ようというとき、一般的に人は、意識的な理解のすぐ外側を漠然と探るようなシンプルで直接的な質問を投げかける。

たとえば「わたしを幸せにし、充実感をもたらすものは何か」といった問いがそうだ。こうした直接的な問いは凡庸な出発点と言っていい。なぜなら、その人は何もないところから漫然と答えを探らざるを得なくなるからだ。たいして意味のない答えしか出てこないことが多い。自分に嘘をついたり、質問自体を捻じ曲げて解釈したりする可能性すらある。

それよりも、意味と方向性を与えてくれるような質問をすべきだ。たとえば、「1週間のうちで一番楽しみにしているのはどんなことか」「宝くじが当たって、好きなことができるとしたら、何をするか」「好きな長期休暇の過ごし方は?」などなど。

こうした質問は具体的な答え——その人の特定の一面——を引き出してくれるから、それを足がかりにしてさらに掘り下げていけばいい。

相手の行動について尋ねれば、相手を理解するために必要な土台が得られるのだ。考えや意図は重要だが、行動に結びつかなければ、相手を理解するという目的は果たせない。

さて、ここまでは、他者から得られる本質的にあいまいで不確実な情報のかけらをどうやって分析するかという話の序章に当たる。

間接的な質問、直接的な情報

ここからは斬新な人物分析法を提案したいと思う。他愛のない質問で相手の世界観全体や一連の価値観を探る方法だ。

たとえば、どこでニュースを得ているか、どのテレビチャンネルを視聴しているか、どんな本や雑誌を読んでいるか、どの評論家や司会者が好きかという質問を相手に投げかけてはどうだろう。

こうした間接的な質問に対する答えは、相手のものの考え方を知る大きな手がかりになる。ちょっとした推測や推量は絡んでくるが、少なくとも具体的な情報のかけらが手に入り、ものごとの関連性も見えてくるはずだ。

いきなり詳しい説明を求めるのではなくて、まず以下のような間接的な質問を相手に投げかけて情報を集めよう。これらの質問は相手に刺激を与え、深い思考を促すような表現になっている。その人の内面を掘り下げれば、行動や思考のパターンが浮かび上がってくる。

質問❶
「どんな賞を獲得するためなら、あるいは、どんな罰を避けるためなら、最も努力しますか？」

この問いの答えは、相手の行動や表面的な動機の背後にある真の動機を見きわめる助けになるかもしれない。表面的な事象の裏側でその人を動機づけているものとは何か？　その人がほんとうに大切に思うものや、重視している苦しみや喜びとは？　ポジティブな意味でもネガティブな意味でも、その人にとって本能的なレベルで最も重要なものとは？　この質問の答えには相手の価値観も映し出されるはずだ。

たとえば、ギャンブラーはみな賞金を得ようとする。スクラッチくじだろうとスロットマシーンだろうと、高額賞金を求めて何度でもトライする。これまでの損失を取り戻すことが動機かもしれないし、想像を絶するほどの金持ちになりたいのかもしれない。ほんとうにお金がほしくてやっているのか。それとも、心の隙間を埋め、気を紛らわすためにやっているのか……。

なぜそんなに頑張っているのだろう。リスクに対するスリルや快感に突き動かされているのだろうか。仕事でまともに稼ぐことや、人生の目的を見つけることに関心はないのか。そうかもしれないし、そうでないかもしれない。

こうやって、相手が何を一番求めているか、それはなぜかを掘り下げていくと、直接的に尋ねなくても、その人を動かしているものが見えてくる。

この質問の答えからは、相手が人生で何を優先しているか、何を苦痛と見なし、何を快楽ととらえているかが、はっきり伝わってくるだろう。

答えの裏側にある感情に目を向ければ、相手の価値観も見えてくる。

たとえば、CEOレベルに上り詰めるという目標は、真空の中に存在しているわけではない。その欲求をめぐる何らかの感情や期待があるはずだ。同様に、貧困を避けたいという欲求は、安心や安全を得たいという具体的な願望を物語っている。

質問❷

「どんなことにお金をかけたいですか？
また、どんなことに倹約や省略を厭《いと》わないですか？」

この質問の答えは、その人が人生で重視しているもの、経験したいもの、避けたいものを表している。購入するアイテムを問題にしているのではない。物質はいずれそのうち使えなくなる。

重要なのは、そのアイテムが何を表し、何を提供するかだ。たとえば、新しいハンドバッグよりも何かの体験にお金を使うほうが、その人の全体的な幸福感や人生に対する展望が改善されるのかもしれない。やはり、答えの裏側にある感情や動機を探ろう。

その人が平気で大金をつぎ込めるものは何か？　どうでもいいと思うものは何か？

たとえば、休暇の予算を決めるとき、壮大なボートツアーにお金をかける一方で、宿泊は安ホテルを選ぶ人がいる。その人は、忘れられない旅のひと時を味わいたいという願望を優先し、金ぴかのトイレがある立派なホテルに泊まることをお金の無駄と見なしているのかもしれない。

そうかと思えば、まったく逆の選択をする人もいる。景色にはあまり目もくれず、肉体的な快適さを追求する人だ。どちらの場合も、お金の使い方にその人の優先事項と価値観が明確に表れている。

お金の行き先は幸福を決める重要な要素だ。

その人はどこに向かってお金を流し、どこで堰《せ》き止めているだろうか。**お金の流れに目を向ければ、日常的に何を重視しているかがすぐに分かる。「日常生活で何に価値を置いていますか？」と尋ねるより、具体的な答えが得られるはずだ。**

同じ原則は、時間や努力にも等しく当てはまる。これらの意識的・無意識的な流れには、その人の価値観が表れる。

質問③

「個人的に最も重要で有意義な成功とは何ですか？ また、最も意味のある失望や失敗とは何ですか？」

よい経験も悪い経験もすべてがその人をかたちづくっている。成功と失敗は自分自身をどう見なすかに結びついているのだ。

重要な経験は「わたしは○○で成功した、あるいは失敗した、こういう人間だ」という自己アイデンティティをつくり出しもする。過去の出来事は往々にして現在と未来の行動に影響を及ぼす。その事実から、わたしたちは逃れられないし、逃れる必要もない。だが、思考パターンを変えることが本章のテーマではない。ここで注目したいのは、大きな出来事がその人の人生全体にどう影響を及ぼしているかだ。

この質問の答えからは、その人がよくも悪くも自分をどう見ているかが伝わってくるだろう。失敗体験はその人が嫌っている欠点を痛烈につつくし、成功体験はその人が誇りに思っている強みを浮き彫りにする。

実力で出世の階段を上り詰めた女性は、自分が成し遂げたものを満足げに振り返るだろう。出世を最大の成果と見なしているのは、彼女が自立心、レジリエンス（訳注：困難や失敗を乗り越え、立ち直る力）、意志の強さに価値を置いていて、それらがキャリアの頂点にたどりつくのに欠かせないものだからだ。重役室を手に入れるために自分がしてきたことを彼女はポジティブにとらえている。

こうして、キャリア上の業績に関する答えは、そこへ到達するために彼女が利用したポジティブな性格特性の物語、つまり、自己アイデンティティを表している。もし彼女が失敗談を語り、自分の仕事を見下していたとしたら、ネガティブな自己アイデンティティが描き出されたはずだ。それは彼女が最も嫌っているものにほかならない。

この質問の答えには、相手がなりたいと思っている人物像と、その期待がどう満たされたか、満たされなかったかが映し出されるのだ。

質問❹

「努力しなくてもできることは何ですか？
逆に、いつもへとへとになることは何ですか？」

この質問の意図は、相手が何を楽しいと思うかを把握することにある。努力せずにできることは、生まれつきの才能とは限らない。むしろ、その人が楽しめる活動を表している。

一方、いつもへとへとになることとは、能力のなさというより、その活動への嫌悪を表す。したがって、この質問の答えは、その人が無意識のうちに楽しめることや自然な喜びのありかを示している。

たとえば、この質問を受けたのがパン職人だとしよう。

彼女は、材料を混ぜ合わせてデザートをつくる創造性に関しては凡庸だと認識している。平均以上の能力はあるが、創造性に富んだデザートをつくるには、いつも難しさを感じている。それでもデザートづくりが楽しくて、挑戦せずにはいられない。困難であっても飽きないという意味では努力が要らない活動なのだ。

一方、伝統的なレシピを理解し、忠実に再現することにかけては、生まれつき才能があるようだ。ただし、彼女自身はそのことに価値を置いていないし、とくに関心もない。**資質の面だけを見れば、彼女は他人のレシピの再現に徹するべきかもしれないが、それでは彼女の価値観と合致しないのだ。先述のとおり、時間、努力、エネルギー、お金をどこに注ぐかは、その人の価値観を表している。**

質問❺

「ゲームのキャラクターをデザインできるとしたら、どのような特徴を強調し、どのような特徴を無視しますか?」

これは、その人にとって何が理想の自己像か、何をこの世であまり重視していないかを問う質問だ。

仮に、あるキャラクターに与えられる特性が6つあって、限られたポイントを配分しなければならないとしたら、どの特性を強調し、どの特性を平均かそれ以下に設定するだろうか。

たとえば、カリスマ性、学問的知識、ユーモア感覚、正直さ、レジリエンス、感情認識の6つの特性から選べるとする。

最高得点をつける特性はその人が他者にどう見られたいかを表している。それはまさにその人の現在の姿かもしれないし、現在とはまったく正反対の姿かもしれない。どちらにせよ、この問いの答えは、自分をどう見ているか、どう見たいかを表している可能性が高い。

では、他の特性はどうかというと、単に重要度が低いだけかもしれないが、裏を返せば、その人は自分が好む特性をもつ他者を求め、その他の特性をもつ他者のことは、それほど熱心に求めないとも言える。そうした選択の裏にもストーリーがあるということだ。

類似の質問として「他者に共通して見られる特性は何ですか？」がある。

これはダスティン・ウッドによる2010年の心理学的調査で使われた質問だが、研究の結果、人は自分と同じ特性をもつ他者について描写する傾向があることが分かった。おそらく、自分の性質を他者の中に見やすいからだろう。

人は自分の精神構造が独特なものだとは思っていない。誰もが自分と同じ視点をもち、同じように考えると思っている。したがって、この質問への答えは、その人がよくも悪くも自分の特性と見なしているものを直接的に明かしてくれる。

そしてそこからは、その人の世界との接し方も見えてくるはずだ。優しくて寛大なアプローチか、不信感に満ちたアプローチか、ちょっと意地の悪い、あるいは悪意に満ちたアプローチか。

質問 6

「大金を寄付しなければならないとしたら、どんな慈善事業に寄付しますか？」

これは、自分の人生だけでなく、広い世界に対しても考えさせられる質問だ。

動物保護団体、がんの撲滅運動団体、第三世界の子ども支援プログラムなどさまざまな答えが考えられる。本人もその活動に直接的、間接的にかかわったことがあるかもしれない。

いずれにしても、この質問の答えは、その人が自分以外の何を大切に思っているかを表している。世界のどこに関心を向け、自分のいる世界をどう見ているか。つまり、誰の利害を優先し、何を行動の動機とするか。ここでもやはり、根底にある感情にも目を向けよう。

この質問を投げかけると、相手の心の奥にある価値観、考え、認識を呼び覚ますことができる。目的はやはり行動を見きわめることだ。

相手はこの質問に導かれて、自分の性格の最も関連する側面について考えるようになる。また、思いがけない発言が飛び出したり、深い意味のある思考が自然に刺激されたりするはずだ。あなたは、相手の答えの向こう側に目を向け、行間を読みとろう。ここでは批判的思考、評価、熟考が重要なスキルになる。

そして、簡単な答えだけで終わりにせず、さらに掘り下げよう。相手に自分の組み立てたストーリーを語ってもらえば、心の中の対話が聞こえてくるはずだ。

質問❼
「自分を動物にたとえるとしたら何だと思いますか？」

この質問がすぐれているのは、ありふれたことを尋ねているようで、ごく個人的な部分に触れている点だ。

人は、自分自身について直接語るよりも、他者がもつすばらしい特性について語るほうが、はるかに気が楽だ。それに、この手の質問であれば、本来、気後れして明かしたくないような情報まで明かしたくなるかもしれない。

動物を引き合いに出すと、適度な距離感が生まれ、率直で偽りのない答えが引き出される。好きな動物について語るとき、人は、「そうだったらいいのに」と思う自分について図らずも語っているのだ。注意深く耳を傾けよう。犬は大好きだが猫は嫌いだ、と答える人に理由を尋ねよう。その人が他者や自分自身の特性の何を評価し、どうありたいと願っているかがはっきり分かるだろう。

この質問はできるだけさりげなく問いかけることが肝心だ。真剣な答えを引き出そうとしていると思われないようにしよう。皮肉なことに、何気ない態度で臨むほうが相手の壁を突破しやすいのだ。すると、相手は信じられないくらい意味のある情報を漏らしてくれるかもしれない。

すぐに返ってきた答えに注目しよう。その人が最初に思い浮かべたことは、本人が最も重要で関連性があり固定的なものとしてとらえている自身の一面を表しているからだ。

たとえば、自分は熊だと答えて、その理由をみずから語ってくれるような人は、気性が荒くて、愛する人たちを守ろうという気持ちが強く、喧嘩を売ってはいけない相手かもしれない。だが、「サメ」と答えなかったのは、ぬいぐるみのような「愛らしい」一面があるからだろうか？

表面上、この質問は他愛のない遊びのように聞こえるかもしれない。だが、その単純さがロールシャッハ・テストのように最も正直な答えを引き出すのだ。
その人が選ぶのは肉食動物か草食動物か。神話上の動物か。害獣か益獣か。家畜やペットか、それとも野生の少々危険な動物か。こうした質問は、相手を理解するうえで、計り知れない深みと彩りを与えてくれる。しかも、その人自身の言葉が与えてくれるのだ。

質問⑧

「あなたのお気に入りの映画は何ですか?」

一見、質問⑦と似ているが、じつはこの質問は思いもよらないほど大量の情報を引き出してくれる。人は、お気に入りの作品を語るとき、自分の心の奥深くに広がる道徳的な世界を見せているのだ。善人や悪人に対する考え方、あるいは、みずからが思い描く壮大なストーリーを披露してくれることさえある。

相手はその映画のどこが好きなのか？

主人公に自分を重ね合わせているのだろうという憶測は単純すぎる。監督やジャンルそのものに最大の魅力を感じているのかもしれない。相手が「１９４０年代の初めに公開されたポーランドの無名のインディペンデント映画だから、きっと知らないでしょう」と答えても、がっかりしなくていい。**たとえあなたが一度も聞いたことのない作品でも、推理できることはたくさんある。**その人は独占性や希少性を重視し、すぐれた審美眼をもつ映画通と思われたいのかもしれない（世間では意識高い系のイラっとくるやつと呼ばれたりもするが）。

この質問の答えは他のデータとあわせて分析しよう。部屋の隅にいる内気でやせっぽちの子どもがスーパーヒーローものの映画をこよなく愛しているのは、何を意味するのか。退職した日本人の母親は、米国南部の奴隷貿易を描いたシリアスな映画に何を感じたのだろう。大昔のコメディ映画を挙げる人は、子どもの頃、流行った作品を思い浮かべているのだろうか。

質問❾

「もし自宅が火事になったら、何をもち出しますか？」

消防訓練だと思ってもらおう。仮に自宅が炎に包まれていて、大切なものをひとつしかもち出せないとしたら、どうするか。

仮定の質問とはいえ、その答えにはやはり相手の心の奥の価値観や優先順位が映し出される。**たとえば、実利的で感情が乏しいとばかり思っていた人が、1冊の詩集をもち出すと答えたら、それは何を意味するだろう。**

危機的状況や緊急事態は、人生の雑然とした部分を突き抜けて本質に切り込んでくる。窮地に陥って初めて人は本性を現すのかもしれない。

映画『フレンチアルプスで起きたこと』では、ある家族を襲った一瞬の恐怖とその後の様子が描かれている。迫りくる雪崩《なだれ》を見た父親がパニックになり逃げ出したのに対して、母親は子どもたちとその場にとどまった。危機は一瞬のうちに過ぎ去り、一家全員の無事が判明すると、物語の焦点は父親のとった行動に移る。

恐怖の瞬間、とっさに彼が見せた行動はどんな価値観を物語っているだろう。自分が大事で家族は二の次だとか？

この質問では、相手が火事の中から何をもち出すかだけでなく、その理由についても考えてみよう。真っ先に飼い猫を救い出す人は、物よりも命が大切だと思っているのだろうし、パスポートをもち出す人は、移動の自由や旅行できることを重視しているのだろう。

一方、現金、カード、運転免許証が入っていることを理由に、財布をつかんで逃げると答える人は、それはそれで重要なことを物語っている。あなたの質問を価値観や仮定の問題としてではなく、できる限り論理的に解決すべき文字どおりの現実的なジレンマとしてとらえているのだろう。高祖母の古い写真をもち出すと言って大見得を切る人とは大違いだ！

質問⑩

「あなたにとって一番恐ろしいものは何ですか？」

ここまでの質問の多くは、価値観、原則、優先事項、願望に的を絞ってきたが、もちろん、その人が回避するもの、嫌っているもの、恐れるものからも、多くのことが分かる。それらは、その人の価値観だけでなく、自分自身をどう見ているかも物語っているのだ。

結局、人は、自分を守りきれないと感じさせるもの、自分にとって最も有害だと感じるものを恐れるのだから当然だろう。そこには、その人が自分の力や限界をどうとらえているかが如実に表れている。

「クモが恐い」と答える人と、「認知症が恐い。自分が誰かも、愛する人たちの顔もどんどん忘れていくなんて」と答える人とでは、心理的な構造がかなり異なるはずだ。

たいていの場合、恐怖は、その人が最も固く信じている基本原則を知る手がかりになる。たとえば、きわめて高い道徳心をもち、正義と公正を追求する人は、連続殺人犯やサイコパス、あるいは、悪魔的な超自然の存在を恐れるかもしれない。

一方、恐怖は、その人が逆境や苦しみに対処する自分の能力をどう考えているかも明らかにしてくれる。

拒絶されること、捨てられること、批判されることを恐れる人は、身体が傷つくことより心が傷つくことを恐れているのかもしれない。では、果敢にも「恐いものなんてひとつもない」と断言する人がいたら、あなたはどう解釈するだろう？

重要ポイント

● 他人を理解するには、観察・分析すべき情報が山ほど存在する。だが、通常、わたしたちにはじっくり観察・分析するだけの時間的な余裕がない。ごく限られたデータで人物を評価することを「シンスライシング」と呼ぶが、シンスライシングによる即断は、ときとして驚くほど精度が高い。最初の無意識の反応（直観）を大切にしつつ、より意図的な観察で後から補足することが好ましい。

● ショートメールや電子メールで相手が使う言葉に注目する。たとえば、人称代名詞、能動態／受動態、罵り言葉、方言、言葉の選択など。また、どのような感情的な表現を使うか、文脈に合っているかにも注意しよう。たとえば、無害そうな状況で過度にネガティブな言葉を用いるのは、心の健康が損なわれているか、自尊心の低さを表す可能性がある。

● その人の住まいや所有物も、ボディランゲージや声と同じように分析対象になる。たとえば、閉鎖的な家か開放的な家かを見れば、社交性が分かる。その人が頻繁に出入りするスペースに過剰なまでに置かれているものと、著しく不足しているものの両方を調べよう。個人的な持ち物はその人のアイデンティティを主張したり、感情を調節したり、特定の行動や習慣の痕跡であったりする。

ある程度の注意は必要だが、ネット上の振る舞いからも人物像は判断できる。その人がどんな写真を投稿し、どんな感情を表現するか、ポジティブか、ニュートラルか、ネガティブかに注目しよう。ポジティブな写真を投稿する人は、協調性か外向性か堅実性が高く、ニュートラルな写真を投稿する人は一般的に、経験への開放性が高いか、神経症傾向が強い人が多い。

質問を使って、有用な情報を積極的に引き出そう。仮定の質問で相手のディフェンスをかわすと、本質的な情報をみずから明かしてくれるものだ。そうすれば、隠れた願望、価値観、自己認識を把握しやすくなる。

各章重要ポイントまとめ

Important points

はじめに

- 人のコミュニケーションの大半は非言語的な性質のものだ。口から出た言葉は、その人の本心を知る指標としては当てにならないことが多い。だからこそ、心を読みとれるようになれば、それは無限の利益をもたらす貴重なライフスキルになる。人の適性はまちまちだが、自分の現在地を率直に認められるなら、努力次第でこのスキルは伸ばしていける。
- どの理論やモデルをもとに観察内容を分析・解釈するにしても、文脈を織り込まなければならない。ひとつのサインだけで正確な判断を下すことは難しい。複数のサインを総合する必要がある。また、相手の属する文化も、文脈に即した分析結果を得るための重要なファクターになる。

● 判断基準がなければ、行動の真の意味は分からない。ベースラインを把握してこそ、目の当たりにしているものを解釈することができる。つまり、普段の相手を知らないと、その人が喜んでいるとき、興奮しているとき、怒っているとき、どれほど基準から逸脱している状態かを正確に判断できないのだ。

● 自分自身を理解したとき、わたしたちは真に人の心を読みとる達人になる。自分の中にある偏見、期待、価値観、無意識の欲求を知ってこそ、ものごとをニュートラルかつ客観的に見ることができる。悲観主義は見る目を曇らせるから注意しよう。ポジティブな結論を導き出せるときに、ネガティブな結論に傾きやすくなる。

● 本書を読み進めながら、そのつど自分の進捗状況を正確に把握するためには、現時点でどれくらいの分析力があるかを知っておく必要がある。サイモン・バロン・コーエンの検査（https://socialintelligence.labinthewild.org/）は、人の感情を読みとる能力の現状を知る手がかりになる。また、自分を買いかぶりすぎていたことに気づくきっかけにも。

第1章　動機から行動を予測する

わたしたちは、他人の行動をその人の感情や価値観をもとに分析・予測する方法を論じてきたが、動機についてはどうだろうか。動機の解釈には、有力でかなり普遍的なモデルがいくつかあり、それらは他人を理解する枠組みとして役立つ。人が何に突き動かされているかを特定できれば、あらゆるものが直接的、間接的にそこから来ていることが見えてくる。

人の動機について論じるには、快楽原則から始めなければならない。つまり、快楽を求め苦痛を避けようとする人間の一般的な性質のことだ。考えてみれば、日常生活のあらゆる部分に、快楽原則が大なり小なり働いていることが分かる。だから、この原則を用いれば、他人の行動はより理解しやすくもなるし、予測しやすくもなる。人が追い求めている快楽や避けたがっている苦痛は、必ず何らかのかたちで表れる。

次に、欲求のピラミッド、もしくは「マズローのピラミッド」と呼ばれる理論をとり上げた。人が人生の段階によって異なる欲求を満たそうとすることを説いた理論だ。したがって、相手がどの段階にいるかを観察すれば、その人が何を求め、何に突き動かされているかを理解できる。欲求は次の5段階に分かれる。生理的欲求、安全欲求、愛と帰属感の欲求、自尊心の欲求、自己実現の欲求。もちろん、この欲求モデルは、次のモデルと同様、快楽原則にもとづいて機能する。

最後に、エゴの防衛機制をとり上げた。防衛機制は最強の動機のひとつだが、たいていは無意識のうちに働く。わたしたちは「劣等感」を抱かせるようなことから自分のエゴを守ろうとしてある種の行動をとる。そんなときのエゴの働きは非常に強力だから、わたしたちは平気で現実を捻じ曲げたり、自分自身にも他人にも嘘をついたりする。しかも、すべては無意識のうちにだ。責任やネガティブな感情を回避するための防衛機制にはさまざまなタイプがある。否認、合理化、抑圧、置き換え、投影、反動形成、退行、昇華などだ。エゴが活発になると、他の動機を押しのけて主役の座につくことが多い。

第2章　顔の表情とボディランゲージを総合的に解釈する

本章では、ずばり「観察だけで人の心を読みとり、分析するにはどうすればいいか?」

をテーマに、表情とボディランゲージという2つの主要な側面に注目してきた。ここで忘れてはならないのは、多くの特徴（生理学的起源も含めて）が科学的に証明されているとはいえ、それらの特徴だけで絶対確実に答えが出せるものではないということだ。考慮すべき外的な要因が多すぎて、決して断定はできない。とはいえ、注目すべき典型的な特徴は何か、そこから何を得られるかについて、理解を深めることはできる。

顔の表情には2つのタイプがあることを学んだ。微《マイクロ》表情とマクロ表情だ。マクロ表情は、微表情よりも大きく、持続時間が長く、分かりやすい。また、見せかけたり、つくり上げたりできるという特徴がある。一方、微表情は持続時間がきわめて短く、分かりにくく、無意識に表れる。心理学者ポール・エクマンは、6つの基本的な感情に対応する微表情を分類し、とくに、嘘、ごまかし、緊張を示す微表情を特定した。

ボディランゲージにはさらに広い意味がある。一般的に、くつろいでいるときの身体は開かれ、スペースをとるが、不安なときの身体は縮こまり、目立たないようにして安心感を得ようとする。ボディランゲージを解釈する際の要点は多すぎて箇条書きにできないが、ひとつだけ挙げるなら、「まず相手の普段の状態を知ること」だ。

要するに、身体はひとつの全体として読む必要がある。その人の振る舞い全体が伝えようとしている統一されたメッセージに注目しよう。声も身体の一部としてとらえれば、他のボディランゲージと同様に読むことが可能だ。つじつまが合わないサインや他のサインとの矛盾が見られたら、何かを隠そうとしているのかもしれない。もっと手がかりを探してみよう。ただし、たまたま目に留まったサインが何の意味ももたない場合もあるから、データはつねに十分に確保しよう。

第3章　パーソナリティの科学とタイプ論

- 心理学者のように性格分析の旅を始めるにあたって、わたしたちは、まず、さまざまなパーソナリティ検査に注目し、そこから何が得られるかを考えた。すると、得られるものが多いことが分かった。もちろん、それらの検査は人の性格特性を完璧に測定したり、分類したりできるものではないが、さまざまな尺度と視点を与えてくれることは間違いない。
- ビッグファイブと呼ばれるパーソナリティ検査は、人を全体的にとらえるのではなく、特定の性格特性に絞って分類しようとする最初の試みだった。5つの性格特性の頭文字をとってOCEANとすると覚えやすい。経験への開放性（Openness）は新しいことを試そうとすること、堅実性（Conscientiousness）は慎重で用心深いこと、外向性（Extroversion）は他者とのかかわり合いをエネルギー源にすること、協調性（Agreeableness）は温かさと共感性をもつこと、神経症傾向（Neuroticism）は不安で神経質であることを意味する。

●次にMBTIをとり上げた。MBTIは指針として有用だが、人によってはホロスコープのように扱い、そうあってほしいと思うタイプに自分や人を分類してしまう場合がある。MBTIは、相反する4指標の性格特性のうち自分に当てはまるほうが選ばれる仕組みになっている。その特性とは、外向型と内向型（興味関心の方向）、感覚型と直観型（もののの見方）、思考型と感情型（判断のしかた）、判断型と知覚型（外界への接し方）であり、これらを組み合わせ追究することでパーソナリティ・タイプが出来上がる。

●MBTIの使用時にはいくつかの注意点がある。個人で指標のみを使おうとする場合、人をステレオタイプ化して分類しがちなこと。また、性格特性も気分や状況によって異なることだ。

●カーシーの気質分類はMBTIのタイプを「気質」に組みかえた方法だ。16のパーソナリティ・タイプに代わって、４種類の具体的な気質に分類し、さらにそれぞれを４種類の役割に分ける。４つの気質は、守護者、職人、理想主義者、合理主義者からなる。カーシーによれば、人口のおよそ80パーセントは守護者と職人のどちらかに当てはまる。

最後にとり上げたエニアグラムには、９種類のパーソナリティ・タイプがある。すなわち、改革する人、人を助ける人、達成する人、個性的な人、調べる人、忠実な人、熱中する人、挑戦する人、平和をもたらす人だ。それぞれのタイプは固有の性格特性で構成されている。そのため、エニアグラムはカーシーの気質分類に似た機能を果たす。

第４章　嘘を見抜く——基本知識と注意事項

相手のボディランゲージ、声、言葉をひと通り観察するのは、正直な人を理解するうえでは助けになるが、嘘を見抜くには、それよりも洗練されたテクニックが必要だ。

大部分の人は自分で思っているほど嘘を見抜くのがうまくない。偏見、期待、自分は嘘をつかれないし騙されないという思い込みが、騙されていることを気づきにくくする。

嘘を上手に見抜くには、会話を通じたダイナミックなプロセスが必要だ。自由回答形式の質問をぶつけて、相手の口から自発的に情報が漏れてこないか観察しよう。長々としたストーリーをいっぺんに語る、話や感情表現に矛盾がある、返答に手間取ったり返答を避けたりする、不意の質問には答えられない、といった反応に注目しよう。

●とっさの嘘は見破りやすい。相手に嘘の台本を用意したり、練習させたりする時間を与えないようにしよう。想定外の質問を投げかけたり、あなたから虚偽の情報を提供したりして、相手の反応を観察すると、嘘をついているときとそうでないときを見分けるベースラインが得られる。

●認知負荷を増やしてやると、嘘つきはストーリーを間違えたり、細かい部分を忘れたりして正体を現す。詳細を突き詰めよう。つじつまが合わないとき、感情と話の内容が一致しないとき、時間稼ぎをしているときは、怪しむべし。

●認知負荷が限界を超えているときのサインを見逃さないようにしよう。たとえば、普段より感情表現が少ない、もしくは、通常、人がその状況で見せるような感情表現が見られないのも有力なサインだ。そうした感情表現の少なさはボディランゲージとなって表れる。最も一般的なのは、頻繁な瞬き、瞳孔の散大、口ごもり、言い間違いだ。

●嘘を見抜くことの難しさはよく知られているが、戦略的で的を射た質問を使えば、嘘の検知能力を向上させることができる。ボディランゲージのみを頼りに隠れた意図を探るより、嘘つきがみずから掘った穴にはまるように仕向けよう。

第5章　観察力を発揮する

- 他人を理解するには、観察・分析すべき情報が山ほど存在する。だが、通常、わたしたちにはじっくり観察・分析するだけの時間的な余裕がない。ごく限られたデータで人物を評価することを「シンスライシング」と呼ぶが、シンスライシングによる即断は、ときとして驚くほど精度が高い。最初の無意識の反応（直観）を大切にしつつ、より意図的な観察で後から補足することが好ましい。
- ショートメールや電子メールで相手が使う言葉に注目する。たとえば、人称代名詞、能動態／受動態、罵り言葉、方言、言葉の選択など。また、どのような感情的な表現を使うか、文脈に合っているかにも注意しよう。たとえば、無害そうな状況で過度にネガティブな言葉を用いるのは、心の健康が損なわれているか、自尊心の低さを表す可能性がある。

●その人の住まいや所有物も、ボディランゲージや声と同じように分析対象になる。たとえば、閉鎖的な家か開放的な家かを見れば、社交性が分かる。その人が頻繁に出入りするスペースに過剰なまでに置かれているものと、著しく不足しているものの両方を調べよう。個人的な持ち物はその人のアイデンティティを主張したり、感情を調節したり、特定の行動や習慣の痕跡であったりする。

●ある程度の注意は必要だが、ネット上の振る舞いからも人物像は判断できる。その人がどんな写真を投稿し、どんな感情を表現するか、ポジティブか、ニュートラルか、ネガティブかに注目しよう。ポジティブな写真を投稿する人は、協調性か外向性か堅実性が高く、ニュートラルな写真を投稿する人は一般的に、経験への開放性が高いか、神経症傾向が強い人が多い。

●質問を使って、有用な情報を積極的に引き出そう。仮定の質問で相手のディフェンスをかわすと、本質的な情報をみずから明かしてくれるものだ。そうすれば、隠れた願望、価値観、自己認識を把握しやすくなる。

ブックデザイン　荒井雅美（トモエキコウ）
DTP　エヴリ・シンク
翻訳協力　株式会社トランネット　https://www.trannet.co.jp/

〈著者略歴〉
パトリック・キング（Patrick King）
カリフォルニア州サンフランシスコを拠点とするソーシャル・インタラクション・スペシャリスト兼会話コーチ。著書累計は100万部を超え、ソーシャル・スキル、社会心理学、人間行動学に関して世界有数の権威である。GQ Magazine、TEDx、Forbes、NBC News、Huffington Post、Business Insiderなどで著作が取り上げられている。2020年に刊行された本書は、自費出版ながら29カ国で翻訳が進んでいる。

〈訳者略歴〉
浦谷計子（うらたに・かずこ）
翻訳家。立教大学文学部英米文学科卒業。おもに心理学・自己啓発・占星術関連の翻訳を手がける。訳書は『モンク思考　自分に集中する技術』（東洋経済新報社）、『幸せになりたい女性のためのマインドフルネス』（創元社）、『わたしはASD女子』（さくら舎）、『思い出すと心がざわつく こわれた関係のなおし方』（ディスカヴァー・トゥエンティワン）、『ソーラーアークハンドブック』（ARI占星学総合研究所）、『直観力を磨いて自分の言葉でリーディングするTAROT GUIDE』（日本文芸社）、『サイエンス・オブ・ヨガ』(共訳、西東社)など多数。

本《ほん》を読《よ》むように人《ひと》を読《よ》む
心理解読大全《しんりかいどくたいぜん》

2025年 3月26日　初版発行

著／パトリック・キング
訳／浦谷《うらたに》 計子《かずこ》

発行者／山下 直久

発行／株式会社KADOKAWA
〒102-8177　東京都千代田区富士見2-13-3
電話 0570-002-301（ナビダイヤル）

印刷所／大日本印刷株式会社
製本所／大日本印刷株式会社

●お問い合わせ
https://www.kadokawa.co.jp/（「お問い合わせ」へお進みください）
※内容によっては、お答えできない場合があります。
※サポートは日本国内のみとさせていただきます。
※Japanese text only

定価はカバーに表示してあります。

ISBN 978-4-04-116149-4　C0030